百年考古大发现

滇池畔的青铜文明

——滇王及其贵族墓

Bronze Civilization by the Dianchi Lake

—Dian Emperor and nobleman Grave

肖明华 著

天津古籍出版社

图书在版编目(CIP)数据

滇池畔的青铜文明：滇王及其贵族墓／肖明华著.
—天津:天津古籍出版社,2008.1
ISBN 978-7-80696-284-8

Ⅰ.滇··· Ⅱ.肖··· Ⅲ.滇(古族名)—民族文化
—研究 Ⅳ.K289

中国版本图书馆 CIP 数据核字(2008)第 001411 号

滇池畔的青铜文明
——滇王及其贵族墓
肖明华／著
出版人／刘文君
*
天津古籍出版社出版
(天津市西康路 35 号 邮编 300051)
http://www.tjabc.net
E-mail:tjgj@tjabc.net
唐山丰电印务有限公司印刷
全国新华书店发行
开本 787×1092 毫米 1／16 印张 10.25
2008 年 1 月第 1 版 2008 年 1 月第 1 次印刷
印数 1—3000
ISBN 978-7-80696-284-8
定 价:45.00 元

序

19世纪末、20世纪初，西方考古学传入中国。近年来中国考古学从无到有，从只有几个人、十多人，到现在已经拥有数以万计的文物考古专业队伍；从1928年以前，中国考古附属于地质学、生物学的科研机构，到现在已建立了从中央到地方各省、市(直辖市)、自治区独立的文物考古科研机构，在全国十几所国家重点大学设置了考古专业；目前我国的各种文物考古专业性刊物和出版机构，已多达数十家；上个世纪初，我国没有中国科学家独立主持的田野考古项目，20世纪前半叶全国每年的考古项目也是寥寥无几，当前的考古工作规模绝非昔日可比，为了在大规模生产建设中，搞好文物保护，近年来仅每年配合基本建设的考古发掘项目就逾千项；至于为科学研究或文物考古教学工作而开展的田野考古发掘项目，也是为数可观。百年来，尤其是近半个世纪以来，考古工作蓬勃开展，考古发现层出不穷，见于报刊、电视、广播等新闻媒体的考古新发现报道接连不断。

2001年初，我国考古学界为了总结20世纪考古学事业的发展，展示其辉煌的学术成就，弘扬中华民族的悠久历史和先进文化，增强爱国主义信念和民族自豪感，促进精神文明建设，推动21世纪中国考古学的进一步发展，中国社会科学院考古研究所组织了全国性的“中国20世纪100项考古大发现”评选活动。评委和通讯评委来自8个国家级考古文物机构，28个省、市(直辖市)、自治区(包括香港特别行政区)的考古文物机构，以及11个大学的考古文博院系。多数评委、通讯评委担任过或正担任着国家级、省级和大学考古文博院系的考物的科研机构或教学科研机构的各级领导职务，这些人绝大多数是我国考古文物学科的业务中坚。因此，这次评选出来的考古大发现项目的学术性、科学性、权威性是不容置疑的。

评选出来的100项考古大发现，涵盖了25个省、市(直辖市)、自治区和香港特别行政区及台湾省。100项考古大发现中，旧石器时代遗址和古人类发现7项，新石器时代

30项，夏商周时代23项，秦汉时代24项，隋唐至元明时代16项。

本丛书在“中国20世纪100项考古大发现”基础之上，又挑选了数十项，原则是每个项目为一本书。这些项目除了具有重大科学价值和意义、在国内外产生过重大社会影响、在中国考古学史上具有重要的地位和作用之外，项目的选择上也兼顾到考古文物学术内容的不同时代、不同类型、不同地区。作为考古文物的普及读物，这些项目还必须有一定的可读性、社会的认知性。

这套丛书的作者绝大多数是第一线的中青年考古工作者，其中不少人现在已是相关项目方面的专家，有的作者至今仍然承担、主持着这些项目的科研工作。他们之中的大多数人，肩负着繁重的田野考古或考古文物科研任务，我知道不少作者是牺牲了休息时间，接受这个任务，认认真真、兢兢业业挤时间完成我们这套丛书的编写工作的。

作为考古文物的普及读物，强调丛书的“图文并茂”是非常必要的。具有丰富而高标准的线图、图版，是考古文物书刊的特点，这是考古文物专业的学科特点决定的。考古文物内容的通俗读物，对于线图和图版的要求内容又更丰富一些、形式又更生动一些、线图又更简洁一些、图版也更清晰一些，这样使读者结合文字更容易看懂、读懂，使我们的丛书更有吸引力，使广大读者对丛书产生更大乐趣。考古文物专业的学术术语比较艰深冷僻，作者尽量多使用一些较为通俗易懂的词语，但是在这种专业通俗读物中完全不使用专业用语也是很困难的。我希望现在奉献给社会的这套丛书，“文茂”更进步一些、更通俗一些，大家更满意一些。

国家的文化事业和精神文明建设是一项功在当代、利在千秋的伟大事业，弘扬古代优秀的历史文化，振奋民族精神，这是考古工作者的时代重任，这套丛书也是考古工作者奉献给国家和人民的科研成果。

劉慶柱

目录

第一章　考古泰斗的回忆

——访石寨山首次发掘主持者孙太初老先生

今年初夏时节，为了深入了解滇王及贵族墓的发现与发掘经过，我们专门拜访了孙太初老先生。孙太初老先生是滇王及其贵族墓第一、二、四次发掘的主持者，今已是云南文物考古的泰斗，享有崇高的威望和声誉。孙老虽然已经是米寿之年，但身体硬朗，思想敏锐。我说明了来意后，孙老向我们讲述了当时发现和发掘的一些情况。

讲起五十多年前的事——滇王及其贵族墓地石寨山的发现，其中还有一段鲜为人知的故事。1952年，云南省博物馆的研究人员在昆明市二纛街(今昆明市民生街)的旧货摊上，先后买到十多件青铜兵器，这些青铜兵器有戚、戈、矛、钺、剑、削等，其中有三件青铜戚最具特点，戚的銎做成一蟾蜍，蟾蜍呈蹲伏张口状，口为纳柄所用，蟾背饰弦纹、圆圈纹、三角纹等，纹饰线条流畅。整个蟾蜍造型生动（图32）。蟾后为刃，尖刃者有两件，平刃者有一件。这三件戚集动物造型和用器为一体，具有很高的历史和艺术、科研价值。

图32　蛙形銎戚

1953年，又有一位姓汪的古董商，拿了几件青铜器到云南省博物馆请求研究人员帮助鉴定，这几件青铜器与博物馆先前购买的青铜器相同，于是，研究人员又将这几件青铜器买下为以后研究用。先后买到的这几件独特精致的青铜兵器，造形、纹饰风格与中原青铜器风格截然两样，它们引起了云南省博物馆研究人员的关注，并且认为这几件青铜器很可能是在云南或在昆明周围的某个地方出土。于是他们就调查这几件青铜器的出土地点，几经打听也没有结果。

继后一段时间里，一次偶然的机会，孙太初先生与云南省文史馆馆员方树梅老先生在一起，无意中谈起博物馆收购到青铜器的事，勾起了方老先生的回忆。方老先生回忆说，抗日战争时期或在稍后一段时期，在我的家乡晋宁县石寨山曾发现过一批青铜器，被当地官僚和恶霸分别占有，余下零星破碎的青铜器残片被发现者当废铜卖掉。

博物馆买到的这些兵器和方树梅老先生的回忆，为博物馆的业务人员提供了重要的线索。1954年10月，云南省博物馆派李家瑞老先生和西南博物院来滇协助文物考古工作的蔡佑芬同志，一同去方树梅先生的家乡晋宁县进行调查。

20世纪50年代，晋宁县城仍在今天的晋城镇，石寨村东距县城约5公里。李、蔡二位同志顺藤摸瓜来到晋宁县，追踪来到石寨村，向村民展开访问调查。村民们讲述了在村后小山上挖掘出青铜器的经过，而且这种挖掘也不仅一次，先后挖掘出的青铜器估计达300多公斤。村民们并将余下的一件青铜矛、一件青铜钺和一件石斧交给了他们。李、蔡二位看了农民交来的文物，确定这钺和矛不论其形制或制作风格，均与博物馆先前买到的青铜器相同，心里想着这些青铜器的出土地点之谜就要揭开了，极度兴奋之余，就到村后小山上察看铜器出土地。

在村民的带领下，他们来到村旁的石寨山上。这小山呈南北狭长形，西北高，东南低，中部略凹（图01）。在小山的西边断崖上，他们还捡到一些红陶片，这些陶片与先前在官渡新石器时代遗址中发现的陶片相同，说明这里可能还是新石器时代遗址。在山的东面坡地上，中部还有一残城墙，地面上有大小不同的坑，坑外散落着掘出的土和碎铜片，这些碎铜片的锈蚀和质地情况均与收集的铜器相同。

根据村民们的讲述，现场的考察及收集的青铜器和陶片等文物情况，李、蔡研究认为：博物馆所收集的青铜器可以肯定是这里出土，但需考古发掘来进一步证明；石寨山不仅有青铜器，还出土新石器时代的陶片、石斧，遗址所包含的文化信息很丰富；目前遗址的破坏已相当严重，有必要进行抢救清理。

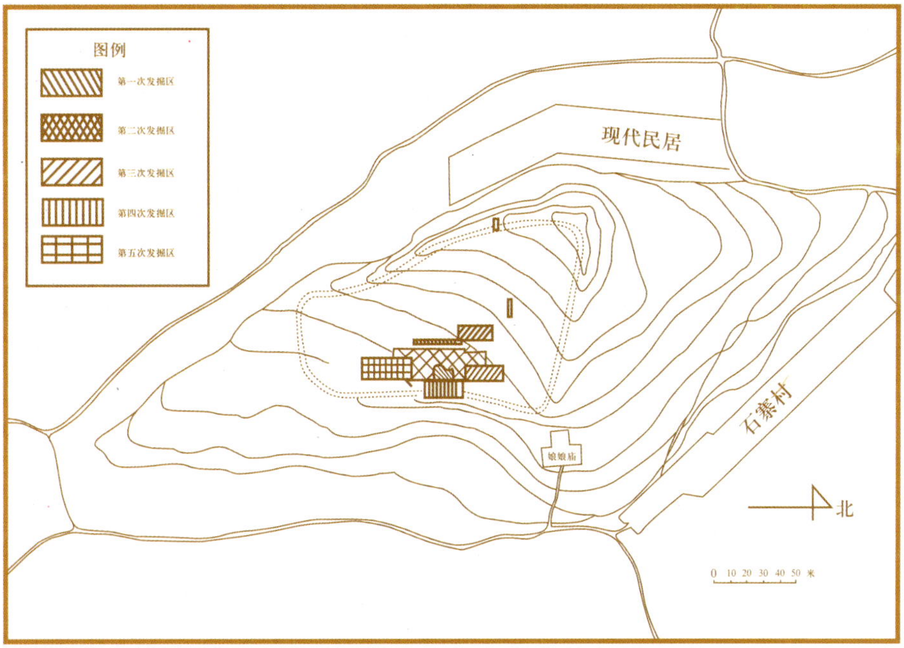

图 01 石寨山地形及发掘区位置示意图

20世纪50年代，不论在理论或是在实践方面，云南省的文物考古均处于探索阶段。石寨山地下遗存是一种什么样的情况？为什么这里会埋藏有青铜器？究竟埋藏了多少青铜器呢？这一连串的问题，回荡在调查者的脑海里。

李、蔡二位回昆明后，将调查的情况向云南省文化局的领导作了汇报，为弄清遗址的情况，并提出了对石寨山进行保护和对破坏场地进行清理的建议。省文化局的领导听了汇报后，经过认真研究，同意了他们的意见。决定对石寨山进行一次重点清理。这一次清理，就其方法和对后来的发掘而言，实质上是一次试掘。

云南省博物馆领导研究决定，由孙太初、熊瑛、马荫何三位同志负责，马靖华、马月仙、顾品端等同志参加，组成云南省博物馆考古发掘工作组，准备进行清理发掘。孙太初老先生当时因参加过中国社会科学院考古研究所举办的考古学习班，是云南省第一批受过专业培训的考古人员，他也就成了这次发掘的主持人。

经过周密的准备后，考古发掘队员们来到了石寨村住下。谁也没有想到20世纪的重大百项考古发现工作就要开始了。1955年3月3日，天气晴朗，滇池岸边的石寨山，显得格外的清新，湖面吹来的微风，使人感到几分快意。考古队员们来到小山上，在小山东部近残城墙处，农民挖掘过的地方，用指南针对准南北向，画了长长一条南北线，布了南北长10米，东西宽2米的探沟一条，编为甲区探沟1。紧接着布了一条南北长10米，东西宽8米的探沟，编为甲区探沟2。这两条探沟发掘完后，形成了一个10×10米的探方。接着又在小山的中部，布了南北长30米，东西宽2米的探沟一条，编为乙区探沟1。在小山的北部，布了东西长10米，南北宽2米的探沟一条，编为乙区探沟2。在西北部的残土城墙上，布了东西长12.15米，南北宽2米的探沟一条，编为乙区探沟3。甲乙两个区发掘面积共204.3平方米（图01）。发掘于当月23日结束，共用了21天。

此次发掘重要的收获有三个方面：

一、首次发现了青铜时代墓葬两座。出土了一批地层层位清楚的青铜时代文物。特别是铜鼓、纺织场面鼓形贮贝器、祭祀场面鼓形贮贝器、持伞女俑、铜扣饰、铜牛头、铜俑杖头、铜壶、铜杯、铜镜、铜锄、铜铲、铜斧、铜剑、铜戈、铜矛、铜钺，铜啄、铜镞、铜削、铜铃和金珠、金钏、金扣等文物的出土，令人惊叹，为之惊奇。并且证实了博物馆先前购买的青铜器就是石寨山出土。出土青铜器对于研究西南地区少数民族历史、古代文化有着极为重要的意义。

二、基本弄清了遗址的文化层堆积情况。遗址的文化层由上至下有三层：第一层是表土层，灰黑色土，厚约15厘米，包含物有陶片和近现代砖瓦片，此层是扰乱层；第二层是褐灰土层，这一层仅见于乙区探沟1，厚约60厘米，包含物有陶片、石斧、石锛、石镞、石簪、纺轮、“大泉五十”铜钱、几何纹砖、粗绳纹瓦、铜镞等，也是扰乱层；第三层是螺壳堆积层，厚约60厘米，主要发现于乙区探沟1北段和探沟2，包含物有石陶纺轮、穿孔蚌器、石锤和丰富的陶片，此层当是新石器时代晚期遗存，在乙区探沟1中，还发现了这一时期的墓葬一座。地层出土文物说明石寨山遗存文化内涵丰富，延续年代长。

三、确定了残城墙的建筑年代。在乙区探沟3的发掘中，在残城墙的下层夯层中，出土有铁镞、五铢钱、瓦当、粗绳纹瓦、几何纹砖等，据此确定了土城墙是汉晋以后所筑。

此次发掘结束后，内容编成了《云南晋宁石寨山古遗址及墓葬》发掘报告发表于《考古学报》1956年1期。

首次发掘出土的新颖、丰富而珍贵的文物引起了社会各界和领导的重视。时值中国科学院院长郭沫若和文化部副部长兼文物局局长郑振铎莅昆。两位领导看了出土的文物，为之惊叹，并称之为是具有国际意义的重大发现。郑振铎局长还仔细询问了发掘情况和下一步的工作计划，当即表示由文物局拨专款5000元，调给进口德国造经纬仪一台，以支持下一步的深入发掘研究工作。

为深入研究需要，彻底弄清石寨山古墓葬的情况，经省文化局报请国家文化部批准，对石寨山进行第二次发掘。

经过几个月的准备，第二次发掘于1956年11月1日开始。这一次发掘，仍由孙太初负责，他凭着第一次发掘的经验，以第一次发掘的甲区一号墓为基点，向南、北、西三面延伸，并采取了开探方的方法发掘，开探方共计7个，其中T1、T2、T3、T5等探方南北长11米，东西宽8米。T4探方南北长10米，东西宽8米。T6探方南北长13米，东西宽20米。T7探方南北长12米，东西宽7米。发掘面积计776平方米（图01）。发掘工作于次年1月4日结束。

第二次发掘清理青铜时代竖穴土坑墓共20座，编号M3至M22。这一次发掘大获全胜。尤其重要的是在编号为M6的墓葬中发现了一枚金质蛇纽篆文“滇王之印”，此印与《史记·西南夷列传》汉武帝“赐滇王王印，复长其民”的记载相符。这个结论被后来整理发现的玉衣残片也进一步证明。M6墓确定是一代滇王墓，石寨山古墓群当是滇王及贵族墓。以滇王及贵族墓出土青铜器为代表的青铜文化一般称滇青铜文化或滇文化，创造这一青铜文化的人称为滇人。从此，人们认识了滇青铜文化，并开始研究滇青铜文化，试图揭开藏在其中的一个个谜。

说到滇王金印的发现还有一段有趣的故事。当发掘进行了一段时间后，参加发掘的一位同事与主持发掘的孙太初戏闹说：“如果能出土一颗滇王印就好了，它可以证明这是一处古滇王国墓地，石寨山的名气一下子就会大起来。你是发掘主持人，自然少不了要请客。”孙太初也不曾想到这一戏说竟能成为事实，顺口即答应。不料过了三四天，在编号为M6的墓葬底部漆器粉末清理中，果真发现了一枚金印，剔去印面上的泥土，四个标准的汉篆阴刻“滇王之印”出现在颇具篆刻功底者的孙太初的眼前，同事们欢呼起来，整个工地沸腾起来，民工们围上来看稀奇。孙太初捧着金印，心怦怦直跳，手也颤抖起来。金印完好如初，在阳光照耀下，闪闪发光，印背的蟠蛇，昂首回视，栩栩如生。端详着这金印，孙老的心潮起伏难安，全体工作人员的心也久久不能平静。这是一个激动人心的时刻，是一个难忘的日子。这枚金印方不过2.4厘米，高不过3厘米，但却是M6墓墓主的身份证，是滇王、滇国的历史见证（图83）。印虽小，却重千斤。

同事的心愿顷刻间变成了现实，石寨山的名气真的大了。滇王金印发现的消息不胫而走，越传越奇。有人说，石寨山上挖出了金娃娃，有人说挖出了金牛，有人说挖出了金马等等。四邻的村民们来石寨山看稀奇，城里的人们也赶来看热闹。没几天，连周围的昆阳县、安宁县、江川县、澄江县的人们都蜂拥而来，一日几千人。那些商贩们也赶来设点摆摊，石寨山就像集市一样。平日人迹罕至的石寨山，变成了旅游参观胜地，热闹非凡，石寨山出名了。但石寨山真正的出名还是随着石寨山发掘报告的出版发行而名扬海内外。2000年，由中国《考古》杂志社组织的中国20世纪百项重大考古发现评选中，云南晋宁石寨山滇王及贵族墓地，入选为一百项重要发现之一，这才是石寨山真正的出名。

为了深入研究的需要，此后，石寨山的发掘工作仍不断进行。1958年冬，为配合云南省的民族调查工作，对石寨山进行了第三次发掘，此次从地州调来文化干部18人，组成发掘队。发掘分为两个区，第一区在石寨山中部，紧接第一次发掘的中部探沟西北边，开探沟4条，编号为T10、T11、T12、T13。探沟东西长10米，南北宽2米。第二区紧接第二次发掘区东北部，开探方5个，编号T8、T9、T14、T15、T16。发掘工作历时32天。发掘面积计200余平方米（图01）。清理青铜时代墓葬共12座，编号M23至M34。其中有11座墓被严重破坏，仅有一座保存较好，为西汉末期墓葬，墓的形制较小。出土文物计400多件。与第二次发掘出土物相比，相同者甚多。但铜奁、漆奁、漆案、漆耳杯有楚文化的风格，鎏金铜尊、凤纹铜镜和用鸡、狗殉葬等具有民族风格。

西汉五铢钱和东汉五铢钱的出土，对确定墓葬的年代提供了重要的实物依据。

1960年春，继续对石寨山进行了第四次发掘。此次发掘，邀请了中国科学院考古研究所的同志参加。发掘于4月初开始，4月底结束。发掘清理青铜时代墓葬共16座，编号为M34至M50，这些墓均位于东残城墙下（图01）。出土随葬品228 件，其中“王羊私印”的发现，进一步说明了汉文字在滇池地区的传播。西汉五铢钱的出土，丰富了第二次发掘对墓葬年代的确定。但此次发掘墓葬规格小，出土文物的数量或是类型，均没有超过第二次发掘出土物。

1996年5～6月，石寨山墓地受到了一些不法分子的盗掘破坏，云南省文物考古研究所领队，昆明市文物管理委员会和晋宁县文物管理所参加，组成考古发掘队，又对石寨山进行了一次抢救性发掘，顺称第五次发掘。这次发掘区位于第二次发掘区的南部，开10×10米的探方3个（图01），清理青铜时代墓葬36座，编号M51至M86。出土遗物300余件套。其中M71墓规格较高，随葬品丰富（图07）。此次发掘受到了各级政

图02　群众参观M71墓

府的重视，并在当地产生了积极的影响。发掘期间不仅有领导到工地参观，还有专业人员及群众到工地参观（图02）。此次发掘主要收获有三：一是发现了一个大墓（M71），出土了一批重要文物，如豹牛搏斗场面贮贝器、猎鹿场面叠鼓形贮贝器，是以前未曾发现过的文物，大大地丰富了滇青铜文化的内涵。还出土了一些制作精致的文物，如持伞俑、二人缚牛扣饰、鎏金二豹噬猪扣饰等等；二是确定了三组有叠压关系的墓葬，对确定墓葬的先后年代提供了重要的依据；三是清理的小墓年代较早，填补了石寨山早期墓葬的空白。

自石寨山滇王及贵族墓地发现以来，在滇池周围就不断有同时期的文化遗存发现，这些发现重要的有滇池西边的王家墩遗址和安宁太极山古墓群，滇池东岸的石碑村、天子庙、小松山、子君村、羊甫头和滇池北边的上马村、团山等古墓群。这些发现和发掘推动了对滇王国的研究，滇王之谜，滇国之谜，滇池之谜，滇文化之谜，随着这些重要的发现，而不断大白于天下。

第二章 踏上石寨山

——话石寨山沿革与地理

石寨村位于今天的云南省昆明市晋宁县城东北的滇池畔，行政区划属晋宁县上蒜乡，东距晋城古镇约5公里（图03）。在石寨村旁，有一座石灰岩小孤山，这就是滇王及贵族墓的所在地，著名的石寨山。登上石寨山，站在山顶上，周围风光一览无余，周围是肥沃的稻田，西边便是美丽的母亲湖——滇池。

石寨山南北长约500米，东西宽约200米，最高处达33米。从平面看，南北两端略尖，中段宽。地形西北高，东南低。20世纪50年代，在山的东面中部还残存有一圈土城墙，村民居址分布于小山脚下东北面，可避经滇池吹来的西南风。而今，扩展的民居包围了小山的北半部。为保护这片著名的古墓地，今人在小山上沿山的边沿修筑了砖墙，将墓地围起来，并有人日夜守护（图04）。

石寨山见于文献记载是清道光《晋宁州志·地理志》称"鲸鱼山，在城西十里昆明池畔，村名石寨，昔汉武帝于长安凿池习水战，池畔刻石作鲸鱼，即像此山也"。据此而知，清代的人们也称滇池为昆明池。晋宁的人们把滇池与《汉书》昆明池混为一谈，以擢高滇池的地位，这当是一种附会而已！从什么时候起，这村因石寨山而名石寨村，还是这山因石寨村而名石寨山，现已无人知晓。但据《晋宁州志·地理志》记载而知，至少在清代，石寨山还是叫鲸鱼山，但已有石寨村，由此推知，称石寨山也是民国以来的事。

在石寨山西北边的滇池畔还有一个石灰岩小孤山，名叫梁王山。石寨山的正北边约500米处是一座红土山，名为左卫山，石寨山的东南边约1000米外也有一座土山，称为金沙山。近些年来，在这些山上均不断有青铜器发现。

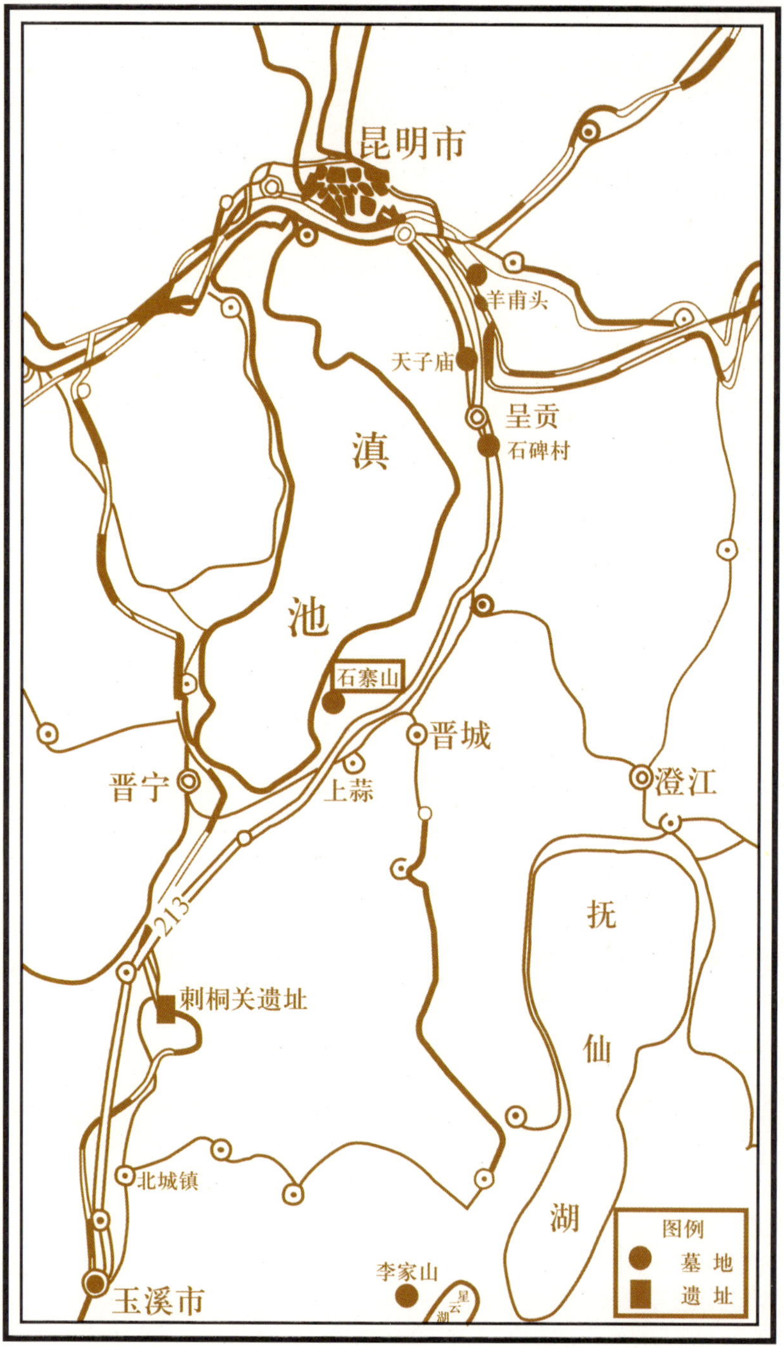

图 03　晋宁石寨山位置示意图

图04 远眺石寨山

自在石寨山上发现滇王及贵族墓以来，石寨山便名扬四海，每年均有海内外专家、学者和游客慕名而来，参观其地，尤其是日本客人，因其在日本发现的“汉倭奴王”金印与“滇王之印”金印相同，而崇敬这一个地方，到昆明便要来这儿一睹小山为快。

在石寨山的东边约5公里处是晋城镇。西汉以前，晋城镇一带是滇王及贵族的所在地，滇王国的政治中心。西汉置郡后，晋城镇一带是益州郡郡治和滇池县县治的所在地。《史记・西南夷列传》载：“元封二年，天子发巴蜀兵击灭劳浸、靡莫，以兵临滇。滇王始首善，以故弗诛。滇王离难西南夷，举国降，请置吏入朝。于是以为益州郡。赐滇王王印，复长其民。”《汉书・地理志・益州郡》载：“武帝元封二年开”，“县二十四”，“滇池，大泽在西”。《华阳国志・南中志》载：“晋宁郡，本益州也。元鼎初，属牁牂、越嶲。汉武帝元封二年，叟反，遣将军郭昌讨平之，因开为郡。治滇池也，号曰益州”，“滇池县，郡治，故滇国也。有泽水，周回二百里，所出深广，下流浅狭，如倒流，故曰滇池。”由这些记载而知，滇池县和益州郡均是汉武帝元封二年开置；滇池县在滇池东南，滇池县是益州郡治；滇池县是滇王国所在地，滇王国都城就在滇池县。在今晋城镇内，还保存一块民国年间刻制的“汉益州郡滇池县治故遗址碑”，这块碑反映了当地人们对历史的记忆。

文献记载晋宁县的历史沿革也是脉络清楚。《三国志·蜀志·后主传》载：建兴“三年春三月，丞相亮南征四郡，四郡皆平。改益州郡为建宁郡”。《华阳国志·南中志》载，丞相亮南征，以李恢为太守，改益州为建宁，移治味县。两书记载说明，至蜀汉建兴三年，益州郡改为建宁郡，郡治移至味县，即今曲靖。《晋书·地理志》载：“太安二年，惠帝复置宁州，又分建宁以西七县别立为益州郡。永嘉二年，改益州郡曰晋宁。”滇池县属晋宁郡。唐初，滇池县属昆州。唐南诏时属爨部地。宋大理国时为阳城堡。元至元十二年，改置为晋宁州。明、清继承元制，属云南府。中华人民共和国成立时，为晋宁县，县城即今晋城镇，属玉溪专区。后晋宁县与昆阳县合并，保留晋宁县名，县城移至昆阳镇至今。从历史文献记载看，滇池县称谓变为今晋宁县称谓的历史沿革清晰，滇池县所在地是今晋宁县晋城镇一带，县西北是滇池。晋城镇最为繁荣的时期当是作为益州郡郡治和滇池县县治时期。在其后的历史中，晋城镇仍一直作为县治所在地。到20世纪50年代，晋宁县与昆阳县合并，县城移至昆阳后，晋城镇才失去了县治所在地的辉煌，但历史仍清晰地刻在人们的记忆中。

晋城镇位于抚仙湖与滇池之间。西临滇池，东隅高山，山后即抚仙湖、星云湖。南北为一马平川的肥田沃地，至今仍为重要的农业基地。《史记·西南夷列传》记载滇池“旁平地，肥饶数千里”。《后汉书·西南夷列传》称益州有“盐池田鱼之饶，金银畜产之富。人俗豪太。居官者皆富及累世”。良好的自然条件，勤劳的人们，在这块美丽的土地上，创造了辉煌的青铜文化。滇王及贵族墓出土的丰富的青铜文物就是历史的见证。

石寨山的西边约1000米，是素有高原明珠之称的滇池。早在西汉时期，司马迁在《史记·西南夷列传》中称滇池“方三百里”。地质学家研究认为，滇池属断层陷落构造湖泊。在新生代中新世后期，云南高原多次发生间隙性的不等量上升，北部上升强烈，南部上升较弱，形成了由北向南倾斜的高原面，同时发生了南北向的西山大断裂，西盘上升，东盘下降，从而形成了古滇池的雏形，此时的滇池面积达1000平方千米，最大水深达100米。其后，由于地质新构造运动，昆明盆地不断上升，滇池出水河螳螂川下切，13世纪、15世纪、16世纪，人们多次疏挖海口河，湖水大量流出，造成滇池不断缩小变浅。今天的滇池形状呈南北狭长形。1983年，以黄海基面测量，海拔1886.5米，湖岸线长130公里，湖泊南北长40公里，东西最宽达12.5公里，面积达300平方公里，最深处有10.24米，湖容积达12.9亿立方米，是云南最大的湖泊。生态环境研究认为，滇池具有重要的生态平衡功能，滇池中盛产鱼、虾、螺和水生植物，在动物食物链中，为周围的人们提供丰富的食物；滇池中的水是周围空气干湿度的调节器，适宜的湿度，为周围的植物生长提供了良好的条件，良好的植被又为周围的农业提供了良好的水源，滇池是周围生态的重要平衡器。

滇池之名的由来，最早见于晋人常璩所撰《华阳国志·南中志》书载："滇池县，郡治。故滇国也。有泽水，周回二百里。所出深广，下流浅狭，如倒流，故曰滇池。"此说是据水而名。而东汉班固撰《汉书·地理志·益州郡》载，西汉时已有滇池县名，东汉与晋年代相近。据文献记载，两汉时期，滇池县很可能是因水而得名。只是到了清代，晋宁的文人为擢高滇池地位才出现称滇池为昆明池。

在滇池的西边是高山，山上林木葱葱。滇池的东边开阔平缓，土地肥沃。以滇池和平原构成的昆明坝子是云南最大的坝子，面积达1071.43平方公里。由北向南有官渡、小板桥、呈贡、马金铺、晋城等城镇分布。西南边是今晋宁县的所在地昆阳。冬季，横断山阻止了北来的寒气，因而这里冬无严寒。夏季，因海拔较高，达1800米，所以这里夏无酷暑。蓝天白云，青山碧水，大自然的造化，这是一片地灵人杰的沃土，是最适合人类居住、生存的地区之一！石寨山坐落在这样一个美丽的湖边，滇人就生存在这样一个肥沃的高原盆地中。

1999年冬，笔者对石寨山周围的环境勘探调查得知，西汉至东汉时期，滇池水位略高于现在水位，石寨山周围被水淹没。也就是说，石寨山当时还是滇池中近处的一个小岛。滇王及贵族选石寨山为墓地，其原因可能有二：一是距住地虽有一段距离，但又不远；二是与陆地相隔，可防盗扰。也许还有其他未知原因。

滇池位于云贵高原东部，云南高原的中部。云南是一个高原山区省份，面积39.4万平方公里，占全国陆地面积的4.1%，自然环境复杂，不仅影响着今天的经济发展，更制约着古代人们经济的发展。

云南地势北高南低，西高东低，山地、山原和高原错杂分布。由于地质新老断裂构造的影响，北部、西部为山原或山地。河流沿断裂线强烈切割，形成了这一地区高山峡谷纵列，地势起伏显著的特点。自西向东，著名的山川为高黎贡山、怒江、怒山、澜沧江、云岭、金沙江、玉龙雪山。山地海拔一般在4000米左右，河流峡谷高差达3000米以上。在一些地方形成低凹的河谷盆地。中部的山脉高度降低，河流成扫把状南下，地势演化为高原，一般海拔在2000米左右。高原顶部平旷坦缓，为中生代陆相沉积岩和削平的上新世早期的红色风化壳，人们称这片神奇的土地为红土高原或赤土高原。在滇东高原和南部河谷地带，星罗棋布地分布着大大小小的山间盆地，云南人称为坝子。盆地较为平坦，大都有湖泊或河流流过，盆地周围是大山。石寨山所在的盆地即昆明盆地和滇池是云南最大的盆地和湖泊。

山原、山地、高原构成的地貌，气候垂直变化显著，干湿季节分明，类型多样，因而形成了呈立体状的自然景观。海拔2500米以上的山地、山原，冬长无夏，多霜雪，春秋短暂，但湿度大，为温带湿润气候，生长着高山暗针叶林，如冷杉、云杉、铁杉、落叶松、高山栎等；海拔2500米至2000米地带的山原，冬短夏凉春秋长，为亚热带气候，生长着常绿和落叶阔叶混交林；海拔2000米至1200米的高原及盆地内，四季如春，雨水适中，生长着长绿阔叶林；海拔1200米至800米的河谷及丘陵地带，气温高，生长着亚热带季风常绿阔叶林或亚热带常绿阔叶林；海拔800米以下河谷地区，为亚热带干旱、半干旱气候，生长着稀疏灌木丛。不同的海拔地段生长着不同的植物区系，生存着不同的动物种群，因而人们将云南誉为“植物王国”和“动物王国”。石寨山所在的盆地即昆明盆地和滇池海拔1886米，处于海拔2000米至1200米的海拔地段，与这一地段的其他地区一样，气候四季如春。

特殊的地理及立体气候形成了不同地段农业经济的特点，海拔4400米以上地区，无森林，为天然牧场，适于发展畜牧业；海拔2300米以上，4400米以下地区，冬长多霜雪，植物生长期短，作物一年一熟，为林牧业高寒山区；海拔2500米以下，1300米以上地区冬短夏不明显，春秋较长，为中暖层，作物四季均能生长，适于耕作农业；海拔1300米以下，为低热区，适于双季稻、甘蔗的栽培。石寨山所在地的昆明盆地及滇池处于海拔2500米以下，1300米以上这一海拔地区，因此，农作物四季均能生长，这是滇池地区农业发达的优异的自然条件。

在这块神奇的地方，还蕴藏着丰富的有色金属矿藏，如铜、锡、铅、锌的储量位居全国首位，著名的有个旧的锡矿，东川和永胜的铜矿，会泽和兰坪金顶的铅锌矿，滇池旁的铁矿和磷矿等，因而人们还将云南誉为“有色金属王国”。这些自然资源为滇青铜文化的发展奠定了自然基础。

丰富的自然资源为人们提供了生活必需的物质条件，生活在不同海拔地带的人们由此形成了各自不同的经济特点。滇西北地区海拔在2500米以上，属林牧业高寒山区，这一地区的青铜时代其经济形态以牧业为主，考古材料中以剑和陶器为主，未见农具；滇池区域、滇南地区，海拔在2500米以下，青铜时代生活在这些地区的人们其经济形态为农业和畜牧业并重，考古材料中，尤以农具为发达。

云南的坝子经济较为发达，坝子内土地肥沃，水源充足，一般都开发的较好。现在的情况如此，古代的情况更是这样。云南有各种原因形成的山间坝子约1445个，其中100平方公里以上的大坝子就有49个。已发现的青铜文化遗存均分布于这些坝子区或几个相近的坝子连接区，如滇青铜文化就分布于条件最好的昆明坝，滇青铜文化也是云南青铜文化中最发达的青铜文化。

云南的坝子周围都是大山，由于大山的层层分隔，在交通极不发达的状况下，这些坝子处于相对隔离的状态。地域的隔离，造成了人群和文化的隔离，长期发展形成了多民族的状况，也形成了文化多类型或多区域的状况。云南青铜文化的多类型（或多区域）、多君长、多民族的状况与这种环境有关。每个大坝子很可能就是一个君长的领地。如昆明盆地就是滇青铜文化的中心地区，也是滇王的领地。与滇青铜文化相邻的其他青铜文化中，滇东北地区的曲靖盆地很可能是劳浸、靡莫人的青铜文化分布区。楚雄盆地、祥云盆地、大理盆地很可能是昆明人和嶲人的青铜文化分布区。昌宁盆地、保山盆地很可能是“滇越人”的青铜文化分布区。

汉武帝元封二年（公元前109年），滇王降汉后，云南大部分地区的君长头人也相继降汉。汉置益州郡，设24县，赐滇王王印复长其民，从此云南大部分地区纳入了郡县制度的管辖下，滇青铜文化也逐步汇入了汉文化的发展长河中。

第三章　走入滇王及其贵族墓地

——说石寨山墓葬形制

登上石寨山，就走入了滇王及贵族墓地。站在小山顶上，整个墓地尽在眼里。西北的地表上分布着一些近现代附近农民的小冢，东南地表是近现代不法分子盗掘留下的大大小小的坑，犹如累累伤痕，这就是首次看到的景象。1955年开始的考古发掘揭开了沉睡在这地下的秘密，滇王及贵族才是这块墓地的主人，他们躺在这地表下两千多年。这些墓葬既无秦汉皇陵的高大土堆，也无唐、明皇陵依托的雄奇山势，地表既无封土，也无其他标志。滇王及贵族为什么偏要选这石山作为墓地呢？至今仍是不解之谜。

五次发掘区均位于小山东南部近边缘处，截今为止，在发掘区内清理墓葬共86座。清理这些墓葬使我们对滇王及贵族墓的形制、埋葬情况有所了解。这些墓葬均是竖穴土坑墓，位于发掘区东部的墓葬均是土坑墓，墓坑的大小各异，形状呈规则的长方形或不规则的长方形，也有少数墓形状略成正方形。少数墓坑内有二层台。墓坑的填土是原坑土，有的墓填土经过夯实，个别墓的填土是用卵石与土混合后夯实。位于发掘区西部的墓，多数墓夹在石灰岩缝隙中，连墓坑都不规则，有的墓两侧是利用岩石为坑壁。由于长期水流剥蚀或后代人为扰动，很多墓的开口已非原状，表土下即为墓口。更有甚者，表土下即是墓底，墓底土层之下即是岩石。多数墓已被扰动，不同程度地受到破坏。

墓的方向基本是东西向，即头向山顶（西），脚向山脚（东），有的略偏北或略偏南。

墓中葬具椁和棺多腐朽无存，只有少数墓残存木棺、木椁残片或漆皮。从残存的痕迹可知，木椁多呈长方形，个别墓略呈正方形。木棺是长方形，棺多漆朱色、黑色漆，也有的漆红色后再绘黑花。

墓中人体遗骸多腐朽无存，只有少数墓中不同程度地保存有人体遗骸。从残存的这些人体遗骸而知其葬式有仰身直肢葬、俯身葬、叠肢葬、断肢葬、二人叠葬、二次葬等。

从保存较好并具有代表性的墓葬可见滇王、贵族和一般平民墓形制的特点。M6墓位于石寨山墓地东南边，这是保存较好的一个墓。墓坑呈长方形（图05），墓向是东西向，墓坑东西长4.2米，南北宽1.9米，墓坑底距地表深2.85米。在墓坑的南北两边还保存有木板，而北边的木板还钉有铜皮加固，这木板当是椁板。木棺只见印痕，位于墓坑中西南角。木棺印痕南北长1.7米，东端宽0.83米，西端宽0.78米。人骨无存，葬式不明。墓中随葬品丰富，在墓坑西北角放置饰战争场面的叠鼓形贮贝器、鼓形贮贝器和桶形贮贝器，鼓形贮贝器上放置一持伞男俑。在墓坑东端放置大量兵器、生产工具、生活用具和不完整的玉衣片等。在墓坑东南放置一铜鼓，铜鼓上置一铜持伞男俑，铜鼓北侧放置铜编钟，南侧放置生产工具锄等。在墓坑西南部是木棺，在木棺印痕内，有大量金珠、圆形扣饰、长方形扣饰、动物扣饰、兵器等。"滇王金印"发现于棺内东南侧，还有璧形玉环、铜镜等。木棺印痕的东部还有一些金鞘铜柄剑。反映此墓墓主身份的器物有滇王金印、铜伞和持伞二男俑、玉衣（珠襦）、编钟、鼓形贮贝器、饰战争场面叠鼓形贮贝器、桶形贮贝器。玉衣片只有面部玉片，其余为制作未完成的毛坯片。与此墓同时期的墓还有M4、M5、M7等墓，但这几座墓均受到严重扰乱破坏。

M6墓出土"滇王之印"金印，说明此墓墓主是一代滇王。那么，他又是哪一代滇王呢？《史记·西南夷列传》记载，西汉元狩元年（公元前122年），汉武帝"令王然于、柏始昌、吕越人等，使间出西南夷，指求身毒国。至滇，滇王尝羌乃留为求道西十余辈"。汉使者出使西南夷而至滇，滇王尝羌善待汉使者，并留他们十余人。西汉元鼎五年（公元前112年），汉武帝平定了南越政权，滇东部的夜郎国也投降了汉朝。汉武帝又派王然于到滇国劝滇王投降入朝，滇王因有同姓相扶的劳浸、靡莫相助，不肯投降。西汉元封二年（公元前109年），汉武帝派兵消灭了劳浸、靡莫，大兵压境，滇王才投降。滇王投降后，西南夷的所有邑国都跟随投降，并请求设置官吏和允许入朝。汉朝在滇设置益州郡，置24县，仍封滇王为王，赐滇王王印，统领滇邑。据此记载而知，汉武帝时期，滇王名尝羌。M6墓所出滇王印是否是元封二年（公元前109年）汉武帝所赐王印呢？汉册封滇王时，并在滇设益州郡。其后，滇池地区曾发生过三次重要的叛

1. 战争场面叠鼓形贮贝器，
2、120. 铜鼓形贮贝器，
3、121. 男铜俑，
4、122. 铜伞，
5、7. 铜贮贝器，
8. 铜扣饰，
9、16、24. 圆形铜扣饰，
10. 铜镜，
11. 金珠扣，
23、27. 玉环，
29. 铜剑，
34. 滇王金印，
36. 铜柄铁剑，
35、37. 铜柄铁剑，
39、50、51、76. 铜剑，
53. 铜熏炉，
54. 铜烹炉，
59. 铜戚，
60. 铜鍪，
61. 铜三足釜，
88. 铜矛，
89、95. 铜戈，
96. 铜叉，
90、97. 铜棒，
105. 金鞘铜剑，
109. 铜镞，
110. 铜牛头，
111. 长方形扣饰，
112. 铜鹿，
113. 铜扣饰，
114—119. 铜编钟，
123、124. 铜锄，
125. 大铜铃，
126. 玉片，
130. 鎏金耳杯扣。
其他未标明者还有铜生产工具、铜兵器、铜用具、装饰品、大量绿松片和玛瑙珠等。

图05　M6墓平面图（滇王墓）

图06　M12墓平面图

乱，册封的滇王逝世后，也可能因叛乱而无嗣继滇王，文献中也无嗣继滇王的记载，发掘中也无第二枚滇王印出土。据此推知，其后滇王已不复存在。在汉册封前，滇王已存在，但这些滇王不使用王印，因此，他们死后，当然也无王印随葬。用王印随葬的情况在其他地区也有发现。M6墓出土随葬品说明，墓主很崇尚汉制。据这些情况推测，出滇王金印的M6墓墓主很可能就是武帝时期的滇王尝羌。

M12墓是一座规模（图06）与滇王墓相当的墓，此墓保存完整，墓向是东西向。墓坑东西长3.8米，南北宽2.2米，墓坑底距地表深1.95米。墓坑南北两侧是灰岩大石。棺、椁和人体遗骸腐朽无存，略见棺印痕位于墓坑中部，木棺痕东西长2.2米，南北宽1.95米。大件器物放置于西端，重要的器物有两件鼓形贮贝器。鼓形贮贝器上放置一铜持伞女俑和铜兵器。最为精致的是一件在盖上饰圆雕表现祭祀场面的桶形贮贝器。兵器、生产工具放置于棺北边和东端。M12墓年代早于滇王墓，属西汉早期墓。与M12墓属同一时期的墓还有M1、M3、M10、M11、M13、M18、M19、M20、M21、M22、M71等墓。

M1墓虽受到严重的扰乱破坏，但墓坑仍能辨认，墓的方向是东西向，略偏南。墓坑东西长3.34米，西端宽2.72米，东端宽2.64米。棺、椁和人体遗骸腐朽无存，略见棺印痕位于墓坑西南边。大件器物摆放于棺西端和西北边。重要的大件器物有一件饰纺织场面的鼓形贮贝器，一件饰祭祀场面的贮贝器，两件对合并装满贝的铜鼓，铜鼓上放一铜持伞女俑，还有一件盖饰七牛的桶形贮贝器。特别是饰纺织场面鼓形贮贝器和饰祭祀场面鼓形贮贝器是此墓所独有。这些大件器物足与滇王墓出土的大件器物相当。

图 07　M71 墓随葬品出土时情况

M71 墓保存完好（图 07）。墓坑呈长方形，墓向略成东西向（285°）。墓口东西长 3.9 米，南北宽 2.85 米，墓口距地表深 0.15 米 ～ 0.4 米。墓坑壁平齐，深至 1.6 米处，向内收并有熟土二层台，台高 0.15 米，北台、东台宽 0.37 米，南台、西台宽约 0.5 米。墓底东西长 3.04 米，南北宽 1.94 米，距地表深 1.89 米～2.14 米。墓坑填土分为三层，上层是黑褐色土，中层是用卵石与黏土混合，经过夯筑，下层是砂土和褐色土。其下是墓室。墓室由椁板构成，椁顶板是用三块各长约 1.9 米、宽 0.15 米的木板东西铺盖和数块木板南北向铺盖而成，墓底也残存有椁底板，椁侧板不明。棺不明，也无棺印痕。随葬品分三层，上层主要是兵器和马具，中层是珠襦和扣饰，下层是兵器、生产工具和用具。大件器物放置于墓坑西端，西北角是盖饰狩猎场面的叠鼓形贮贝器一件，盖饰牛虎搏斗场面的桶形贮贝器一件。西南角是持伞男俑和伞盖。兵器、生产工具和其他器具放置于中部和东部。此墓出土的狩猎场面和虎牛搏斗场面贮贝器是以前发掘所未见。此墓还打破了编号为 M84、M85、M86 的墓葬，说明这三座墓早于 M71 墓。

M16 墓只受到轻微扰乱破坏，墓向是东西向（图 08），略偏南。墓坑东西长 3 米，南北宽 1.5 米，墓坑底距地表深 1.5 米。南北两侧是灰岩巨石。棺、椁和人骨腐朽无存。

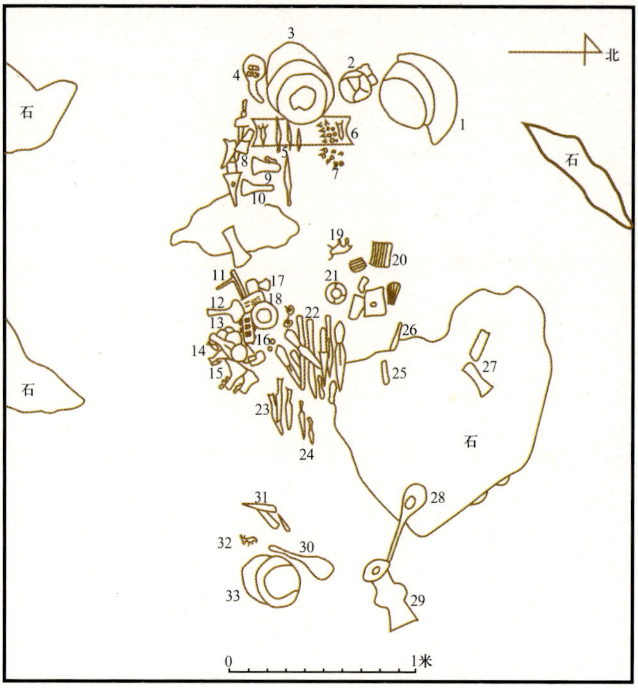

图 08　M16 墓平面图

1、3、33.铜鼓，2.铜贮贝器，4、28、30.铜葫芦笙，5、14、23.铜矛盾，6.铜枕，7.玛瑙珠扣，8、9、10、27.铜斧，11.铜啄，12、15.铜钺，13.圆形铜扣饰，16、17、长方形铜扣饰，18、21.玉环，19、32.铜牛，20.残铜片，22.铜剑，24.铜削，25.铜斧，26.铜凿，29.铜尊，31.铜镦。

大件器物主要放置于墓坑东西两端，西端放置铜鼓两件、桶形贮贝器一件、铜枕一件、曲管笙一件。东端放置铜鼓一件、铜笙两件，其他器物主要置于中部。与之相当的墓还有M14、M15、M17等墓。这几座墓均有铜枕、铜鼓、桶形贮贝器，而铜枕是这四墓所特有的器物。M17墓还有铜伞和持伞俑，说明此墓在年代上，处于使用铜枕和持伞俑做随葬品阶段之间。而使用铜枕的墓年代早于使用持伞俑的墓。这类墓早于以M12为代表的墓。参照同类遗存以李家山出土的铜枕墓的年代推测此类墓的年代约在战国晚期。

M23墓位于M6墓西约2米，保存完整。墓向是东西向，略偏北。墓坑南北长4.7米，东西宽5.4米，墓坑底距地表深1.85米。墓口距地表深0.77米。墓坑四壁平齐，用火烧过。西壁和南壁可见木椁痕迹，痕高0.77米。墓坑内有熟土二层台。墓底铺有木炭。墓坑西端放置木贮贝器1件，内有贝。三足提梁壶一件，长方形朱漆案两件，案上各置耳杯三列、漆圆盘两件，盘间置耳杯数件，铜尊两件，铜洗一件、铜灯两件、铜熏炉一件、铜盉一件。还有金盒、银盒、铜镯、铜镜等随葬品。此墓的特点是随葬漆器较多，有木质贮贝器，但器形不明。据出土器物确定，此墓当是西汉末期墓，年代与M8相同。在出贮贝器的墓当中，此墓是年代最晚的墓。随葬品种类和数量表明，此墓墓主地位可能是贵族或滇王后裔。

M40墓是保存较好的墓，墓向是东西向。棺椁痕迹可辨，椁痕东西长2.54米，南北宽1.2米，高0.35米。棺痕位于墓坑北侧，棺痕东西长2.2米，南北宽0.48米。墓主骨架保存较好，人体骨面向下，左手骨平伸，右手骨压于身骨下，两腿骨向内屈，双膝、双足骨并拢，这是一例俯身葬。骨架下有两行玛瑙扣，棺内还有铜臂甲和铜带钩。其他随葬品放于棺外南边，有兵器、用具、装饰品和陶器等，但无铜鼓、贮贝器、铜枕、持伞俑等大件器物。据此推测，此墓墓主可能为一般贵族。其年代为西汉晚期。

M8墓虽受到严重扰乱破坏，但墓坑仍能辨认，墓的方向是东西向，略偏北（图09）。

图09　M8墓平面图

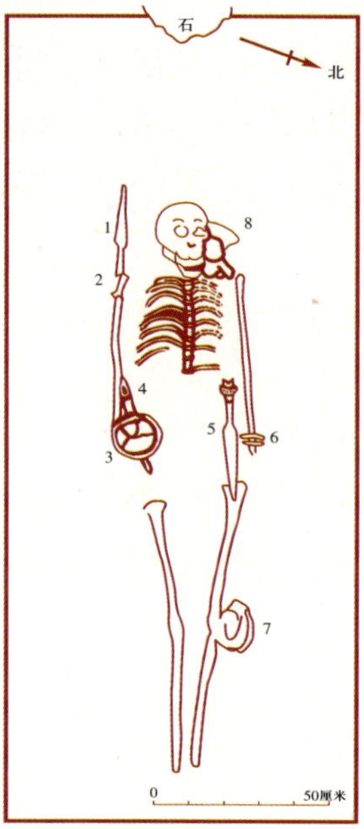

图10　M82墓平面图

1、5.铜矛，2.铜斧，3.圆形铜扣饰，4.铜剑，6.铜镯，7、8.残陶器。

墓坑东西长约2.1米，南北宽约1米，墓坑底距地表深0.91米。人骨架大部分还保存，但缺左腿，在右腿下有一堆碎骨，此残缺骨架表明墓主非正常死亡。骨架下有木印痕及炭灰，说明此墓有木质葬具。在墓主头端放置铜矛一件、铁锛一件，在头骨左侧放置五铢钱，两枚一组者三组，三枚一组者一组，右侧放置两枚一组者三组，一枚一组者一组。右手骨旁有铁削一件。此墓随葬品简陋，墓主可能是一般平民。据出土铜钱均是汉武帝以后五铢钱，并出土一件铁锛，而云南大量使用铁器是东汉以后，确定此墓的年代是西汉晚期墓。

M9墓与M8墓属同一阶段，此墓也受到严重的扰乱破坏，但墓坑仍能辨认，墓向是东西向，略偏南。墓坑东西长3.6米，南北宽约1.8米，墓坑底距地表深1.2米。墓坑底西部南北两侧有灰岩巨石。墓主骨架位于墓坑西，保存较好，分为三部分，耻骨（腰）以下是一部分，放置于中央，上肢骨放置右侧，头骨放置于上肢骨中间。此骨架说明墓主非正常死亡。在骨架左侧放置兵器三件。在墓坑东南边放置陶器五件，中部放置鎏金环形铜片三件。东南角放置陶器六件，铜斧一件。其中有一件陶罐内装有海贝数十枚。从随葬品种类和数量推测，此墓墓主较M8墓略富有，可能是一般家族成员墓。

M54墓也是保存较好的墓。墓是长方形竖穴墓，墓向是东西向（270°），墓东西长约2.3米，南北宽0.9米～1米。墓口到墓底深0.28米。墓坑东西两壁略向内收，西南角和东北角坑壁是灰岩石。墓坑内未见葬具或葬具印痕。墓坑内残存人骨两具，人骨面向上，仰身直肢叠压，足端有一些乱骨。由骨架而知，这是一例二人叠葬墓，墓主人系非正常死亡。除在下层骨架北侧有木镯两只外，无其他随葬品。据此揣测，墓主可能为一般平民。

M82墓是保存较好的墓。墓坑是竖穴土坑（图10）。墓向为东西向略偏北（290°）。

墓东西长约2.5米，南北宽约1米，墓口到墓底深0.4米。墓底有板灰痕迹。墓坑内保存人骨架一具，人骨仰身直肢。随葬品有兵器、饰件、陶器等八件，其中有的兵器和陶器为以前所未见器物，据此确定年代为战国中期，甚至更早。墓主也可能是一般平民。

墓主人的地位和身份不同，墓中随葬品也多寡、优劣有别。以身份明确的墓为标准，可对其他墓主身份进行一些推测。滇王墓（M6）是身份明确的墓，反映滇王身份或等级的器物有滇王金印、珠襦（玉衣）、持伞俑、鼓形贮贝器、叠鼓形贮贝器、桶形贮贝器、编钟。在已发掘的墓中，还有没有滇王墓呢？把已发掘的重要墓葬及出土物作一对比（表1），包括滇王墓，确定有珠襦随葬的墓有16座，其中完整的墓有五座，受到轻微扰乱破坏的墓有三座，受到严重扰乱破坏的墓有八座；有持伞俑随葬的墓有九座，其中受到严重扰乱破坏的墓有三座；有铜持伞俑和铜枕随葬的墓有一座；有铜枕随葬的墓有三座，其中受到严重扰乱破坏的墓有两座；有铜贮贝器随葬的墓有17座；既有铜枕、铜伞、持伞俑又有贮贝器随葬的墓有12座。受扰乱破坏而出土器物不全的墓暂且不论，以考古发掘出土器物计，除滇王墓外，有枕、伞、持伞俑和珠襦、贮贝器随葬的墓很有可能是滇王或王后墓，有珠襦、贮贝器随葬品的墓可能是贵族墓，只有兵器、生产工具和一般用具随葬的墓可能是家族成员墓。没有随葬品的墓或只有几件随葬品的墓，可能是一般平民墓或守墓者墓，也许是殉葬者墓。

墓主的性别不同，其随葬品也有所不同。但在已发掘的墓葬中，没有发现保存完整的人体遗骸，残存的人体遗骸也没有做过基因测定，因此只能据出土物作一些推测。一般认为，男性墓出大量兵器，而不出纺织工具。女性墓出纺织工具、大量装饰品和少量兵器。据此有研究者把M1墓墓主人推断为女性，并据贮贝器上人物雕像考释认为，“死者当为汉代某世滇王之王后”。

墓的埋葬年代先后不同，其随葬品也有所不同。以年代清楚的墓出土的随葬品为标准，可推知其他墓葬的年代。滇王墓因出滇王印、玉衣片，据文献确定为西汉元封二年（公元前109年）册封滇王之墓。与之相当的墓M4、M5、M7，很可能是与之同时期的墓。

M13墓出土文帝半两钱3枚，这种半两钱是汉文帝五年更铸之钱，据此，此墓的年

表1　　石寨山重要墓葬重要随葬品统计表

墓号	保存状况	年代	铜鼓	鼓形贮贝器	叠鼓形贮贝器	桶形贮贝器	洗形贮贝器	铜枕	铜伞	铜男俑	铜女俑	珠襦
S2M14	扰	战国晚期	2			1		1				
S2M15	扰	战国晚期	1	1		1		1				有
S2M16	微扰	战国晚期	3			1		1				有
S2M17	微扰	战国晚期	1			1		1	1		1	有
S1M01	扰	西汉早期	2	2		1			1		1	有
S2M12	完整	西汉早期		2		1			1		1	有
S2M18	扰	西汉早期				2			1		1	有
S2M20	扰	西汉早期		1		1			1		1	有
S2M13	微扰	西汉早期	2		1	3	11		2	1	1	有
S2M03	完整	西汉早期	1			1			1	1		有
S5M71	完整	西汉早期			1	1			1	1		有
S2M10	完整	西汉早期	1			1						有
S2M11	扰	西汉早期	3			2						有
S2M19	扰	西汉早期				1						有
S2M22	扰	西汉早期				1						有
S2M06	完整	西汉早期		2	1	2			2	2		有
S2M07	扰	西汉早期				1						有
S2M23	完整	西汉晚期				木1						
合　计			16	8	3	23	1	4	11	5	6	

注：S：表示石寨山，其后数字为发掘的秩序；M表示墓葬，其后数字为墓葬编号。

代最早不超过汉文帝时期。据此确定此墓的年代为文帝至武帝之间，即西汉早期墓。出土器物与滇王墓的器物相当，扣饰、贮贝器、兵器、生产工具等件数还超过了滇王墓。与之同时期或前后的墓还有M3、M10、M11、M12、M18、M19、M20、M21、M22等墓。

M5、M8、M23、M32、M36、M38，M40等墓出有五铢钱（表2）。这些铜钱与汉武帝、汉昭帝、汉宣帝、汉元帝、汉成帝时期所铸钱相同。而五铢钱是汉武帝元狩五年（公元前118年）始铸，此后各代均有铸造。M5墓出土五铢钱为武帝五铢钱，据此确定M5墓年代为西汉中期，其余墓为西汉晚期墓。

M14、M15、M16、M17墓，均出土铜枕，无金器、铁器和内地输入器，而M17墓，既有铜枕，还有铜伞和持伞铜俑。同类文化遗存江川李家山M21墓只出铜枕和铜伞，经中国科学院考古研究所对墓中出土的木柄片进行碳十四年代测定，结合出土文物推断，该墓葬年代为春秋晚期至战国初期。石寨山这四墓中，M14、M15被扰乱破坏，M16、M17墓只受到轻微扰乱破坏，但都出土铜枕，说明这四墓的年代应与李家山M21墓接近，属于战国晚期墓，晚至西汉早期。

在考古发掘中，还发现了几组后埋葬的墓打破先埋葬的墓，而这种打破是对先埋葬的墓不明的情况下造成，产生这种情况，说明打破与被打破的墓之间有先后关系，其间并相隔一定的年代，如M35→M46→M39，M44→M43，M36→M39→M37，M42→M48，M40→M50。M36和M40墓确定为西汉晚期墓，被它们打破的墓当还早于这两墓。M57→M61→M72→M77，M71→M85→M86，M59→M64→M75→M80。M59、M76墓确定为战国中晚期墓，与它们相同年代的墓与之相当，被它们打破的墓早于它们。其代表墓葬还有M56、M58、M82等墓。

据随葬品情况把已发掘的这些墓葬的年代大体确定为战国中期、战国晚期、西汉早期、西汉中期、西汉晚期至东汉初期五个阶段。也据随葬品而知，这些墓中的大、中型墓当是滇王及贵族墓，小墓当是一般成员墓或陪葬墓。

表2 随葬铜钱统计表

墓号	年代	名称	数量	钱类别	饰物
S2M13	西汉早期	半两钱	3	汉文帝半两	
S2M05	西汉中期	五铢钱	163	汉武帝五铢	
S2M08	西汉晚期	五铢钱	17	汉宣帝以后五铢	1枚半星
S2M23	西汉晚期	五铢钱	1	?	
S2M32	西汉晚期	五铢钱	12	汉宣帝五铢	
S2M36	西汉晚期	五铢钱		西汉五铢	半星
S2M38	西汉晚期	五铢钱	70	西汉五铢	半星
S2M40	西汉晚期	五铢钱		西汉五铢	半星
合　计			266		

第四章　绚丽多彩　目不暇接

——观青铜器

在滇王及贵族墓葬中先后出土可计件的各类文物近3840余件套，按质地分，有青铜器、铁器、铜铁合制器、金器、银器、金银合制器、玉器、玛瑙、绿松石、陶器、石器等，其中青铜器就有2900多件。在这些青铜器中，最具特点的器类有生产工具、兵器、用具、贮贝器、铜鼓和扣饰等。这些绚丽多彩的青铜器反映了滇王及贵族生前的生活，是滇青铜文明的代表，是滇人聪明才智的结晶。观赏这些青铜器，就像走进一座青铜宝库一样，目不暇接，让我们还是一一来欣赏这些珍贵的青铜杰作。

齐全的生产工具

在滇王及贵族墓葬的陪葬品中，有许多青铜生产工具。这些生产工具按功用可分为农具、砍削工具、冶铸工具、猎具、牧具、纺织缝纫工具等，可谓种类齐全。

农具　在青铜时代，整个社会经济是以农业为基础。农具是以农业为基础的社会中的重要生产资料。这些农具真实地反映了滇国的社会生产力的发展水平。

在滇王及贵族墓中陪葬的青铜农具按其使用功能分为翻土、点种、立薅、收割。种类有尖刃锄、宽平刃锄、瓦形锄、铲等。

尖刃锄形状像三角形，锄的背面平坦光滑，锄的正面銎凸起，刃端尖，顶端粗。锄的銎腔有的呈三角形，有的呈半圆形；锄的銎口有的凸出，有的凹下。锄的锋刃尖利，有的略呈钝角状。锄的形状又略有不同，呈短三角形的锄，銎口凸出于后锋，銎三面各有一孔，最大的锄如M12:101锄，长28厘米，宽25.5厘米，銎径5.2厘米。最小的锄如M13:141锄，长18厘米，宽19.5厘米。呈长三角形的锄，銎口凹于后锋，銎三面均有一孔，最大的锄如M13:287锄，长34.5厘米，宽25.8厘米，銎径4厘米。呈心形的锄，后锋呈弧形，如M5:31锄，在锄的正面两翼各饰一凤鸟图案（图11）。最大的锄如M13:13锄，长29.2厘米，宽23.1厘米，銎径4.7厘米，最小的锄如M4:25锄，长21.5厘米，宽16.2厘米，銎径3.4厘米。尖刃锄普遍仅见于滇青铜文化遗存中，如呈贡天子庙古墓群和石碑村、官渡羊甫头、安宁县太极山、江川李家山等地均有出土。开始发现这类锄时，曾被认为是犁，据现代云南大理白族农民使用的与此相似的锄得知，这是一种用于耕作水田时翻田的农具锄，这种锄在水田中使用时不溅水。1998年，羊甫头M113墓出土的带柄尖刃形锄，进一步证实这种农具是作为锄使用。

图11　凤纹锄

宽平刃锄的形状大体呈长方形。锄的刃口均宽长平直，有的略呈弧形。锄的正面銎凸起脊，銎腔形状有的呈三角形，有的呈半圆形，有的呈方形，有的呈六角形。銎上饰有波浪纹、弦纹、齿纹、回纹。锄叶上多数是素面，少数饰叶脉纹或动物图案。肩部形状各异，有的锄肩呈半圆形，有的呈三角形，有的平直。如M7:62锄，肩角圆钝，銎脊尖凸，刃口平直，两侧略弧，长17.3厘米，宽16.5厘米，銎径3.4厘米。M6:124锄，后锋呈钝角，銎凸、刃平，肩比刃宽，三角形銎，銎上饰弦纹二道。M4:25锄，銎上饰弦纹和齿纹。M12:104，銎上饰绳纹和云纹，锄叶正面饰孔雀和牛头（图12）。M3:125锄，肩角呈钝角状，刃呈弧形，两侧略直，锄叶饰叶脉纹，銎呈三角形，每面銎上均有一孔，重1.2千克（图13）。M13:130，銎上饰回纹和几何纹，锄叶上刻饰飞鸟两只。这种农具在今天云南的一些农村地区仍在使用，只不过是铁质，銎及装柄的方法不同而已。这种锄由于刃缘宽，使用时，切削面大，用于旱地区翻土或取土，特别方便省力。

瓦形锄形状呈半圆筒形，下窄上宽，横方銎（原报告称之为铲）。锄大小有别，有的锄无纹饰，有的锄在背面饰三角形纹，有的锄在中部镂饰菱形孔。大的锄如M13:12锄，长30.8厘米，宽14厘米，銎径4.8厘米（图14）。小的锄如M4:1，通长18.7厘米，宽6.8厘米，銎径2.4厘米。此类锄可能也是用于水田翻泥。

图12　牛凤纹锄

图 13　叶脉纹锄

图 14　镂孔锄

锄的装柄方法在其他文物中也有表现。如M20:1铜鼓形贮贝器上的杀人祭祀场面中，有一人肩负一件与出土的尖刃锄相同的农具。M12:2铜鼓形贮贝器的腰部图案上也有相同的锄。在滇青铜文化的其他遗存中也出土同样的实物，如羊甫头出土有柄保存完好的锄。由这些文物可知尖刃锄、宽平刃锄的銎孔方向与刃的方向相反，其装柄方法是用一树杈，一杈插入銎中，一杈作柄，此即为曲柄锄，柄与锄夹角约90度，柄径约4厘米。这种锄的装柄方法与中原的锄有所不同。瓦形锄的銎孔方向与刃的方向夹角约90度，其装柄方法是用一根木棒插入銎中，这种柄既方便，又省力。

汉许慎在《说文解字》中对锄字的解释为“立薅所用也”。《释名》中说：“锄，助也，去秽助苗也。”由此可知锄是中耕锄草的农具，而在滇池地区，尖刃锄和瓦形锄是用于水田翻土，宽平刃锄可能是用于旱地翻土或水田翻泥，也可用于旱地锄草或翻土，如许慎所说的“立薅”。

铲的形状呈长条形，窄而厚，刃缘平直，正面銎凸并起脊，至刃端分为二叉或三叉，銎孔呈三角形或半圆形，个别呈六边形，銎上有孔，背面平坦光滑，銎口方向与刃方向相反。少数在其正面饰孔雀、三角齿纹、漩纹等图案，有的略有肩。出土的16件铲中，有一件铲銎呈六边形，銎至刃端分为两叉，叉脊至左右刃角，如M3:113铲，长24厘米，宽9.6厘米，銎径3.6厘米，重0.65千克，身两面均有云纹。有11件铲的顶端呈弧形，銎孔呈三角形。有一件铲的銎呈半圆形。同样的农具在滇青铜文化遗存呈贡天子庙、江川李家山、官渡羊甫头也有出土。羊甫头出土的铲还保存有木柄，柄还修漆。这类农具以前均称为锄，也有称为铲，据羊甫头出土保存柄的这类器具均是直柄，参考现代民族调查资料分析，这种农具的用途是一种旱地点种用具，因此应称为铲。

收割工具有镰，形状似一角尺，镰背呈弧形，刃缘略内凹，锋尖，刃长，一端有一横圆銎，为纳柄之用，柄与刃的夹角约90度（图15）。计出土此类镰五件，出土时銎内还残存木柄，銎呈圆形或椭圆形，大的镰如M13:186镰，长24.2厘米，宽4厘米，銎径3厘米，刃叶上饰蛇食鱼图案。小的镰如M10:61镰，长17.7厘米，宽4.4厘米，銎长5厘米，銎径3厘米。在呈贡天子庙、江川李家山等同类青铜文化遗存中的还出土有铜銎铁刃镰。镰的主要功用是收割杆状禾类物，在今天云南的大部分农村地区仍在使

图15　镰

用，吾少时在农村务农使用的镰也是这种形状的镰，只不过是铁镰而已。可见这种镰的历史之久。

在滇青铜文化其他遗存的上马村、羊甫头、呈贡石碑村和天子庙还出土一种形状呈半圆形的铜质或铁质爪镰。爪镰的形制与新石器时代的月形石刀和蚌刀相似，当是由此发展而来，中原地区称这种工具为铚。《说文解字》载：“铚，获禾短镰也。”《释名》载：“铚，获禾铁也，铚断禾穗之声也。”滇人使用的爪镰也是作收割穗头用，其方法是在孔上系一绳套，套于手上，用力握住，进行抓削，因而人们称这种镰为爪镰。在今天云南富宁县农村还在使用一种与之相似的“折刀”，专门用于收割糯谷穗头，可见其源远流长。

滇王及贵族墓中出土的青铜农具说明滇人在农业生产中已广泛使用青铜农具。在古代农业生产劳动中，起土耕种、锄草和收割，是最费力、费时的劳动。而金属农具的使用，既减轻了人的劳动强度，又提高了农业生产力。从出土农具的种类看，滇人已具备了今天农业生产活动中所需的大部分农具，有的农具除质地不同外，形状与现在使用的农具已几乎没有什么差别。由此可见滇人农业的发达程度。青铜农具的广泛使用，既促进了农业的发展，又促进了青铜等手工业的进步。滇人灿烂的青铜文化也是青铜时代农业发达的表现。

砍削工具 滇王及贵族墓中陪葬的青铜砍削工具有斧、锛、凿、锯。铜斧是双面刃，銎呈半圆形、椭圆形、方形、三角形、六边形或八边形。銎上饰云纹、齿纹、漩纹、绳纹、三角纹、水波纹、叶纹、兽首纹、太阳纹等。銎是竖管銎，多数銎上两面各有一孔，这是浇铸时固定型心留下的痕迹。有的刃保存有使用造成的缺损痕迹。大者如石寨山 M12:90 斧，长 21.5 厘米。小者如 M10:69 斧，长 9.6 厘米，銎径一般为 2 厘米～4.2 厘米。有的銎形状较为特殊，如 M4:29 斧，銎呈蛇头形。M13:160 和 M6:135 斧，銎呈鸟头形，鸟嘴衔斧身。在滇文化的其他遗存中还出土铜銎铁刃斧、铁斧，其形状与铜斧相同，大小相近。铁刃者，其刃占全器的四分之一。

铜锛是单面刃，銎呈方形或半圆形，有的銎上两面各有一孔。銎面上饰绳纹或漩纹、三角纹。锛的大小有别，小者如石寨山 M22:50 锛，长 9 厘米，椭圆形銎，銎径为 2 厘米～3.7 厘米。大者如石寨山 M13:158 锛，长 19.5 厘米，方形銎，銎边长 4.1 厘米，銎面还饰有牛头图案。在滇文化的其他遗存中出土的早期锛，形状与新石器时代有段石锛相似，反映了锛的发展历史。

铜凿为单面刃或双面刃，刃窄而长。銎为半圆形、六边形或八边形，有的銎上两面各有一孔。大者如石寨山 M10:84 凿，长 15.5 厘米，刃宽 1.4 厘米。在滇青铜文化遗存羊甫头 M113 墓还出土木柄凿 5 件，其中有 2 件柄还上了漆。

铜锯呈梯形，前窄后宽，类似于今天的手锯，后端有二孔，一侧呈齿状，长 22.2 厘米，前宽 3.1 厘米，后宽 4.8 厘米。在滇青铜文化遗存的李家山古墓群中也出土有一件。

砍削工具是作砍伐、断木用。从出土器物而知，滇人的房屋为木构地面建筑，伐木、断木、凿榫应是建筑的必然过程，砍削工具是他们的必备工具，斧主要用于伐木，锛主要用于削木，锯用于断木，凿用于凿榫眼。砍削工具为滇人建筑提供了先进的工具。

冶铸工具 滇王及贵族墓中陪葬的青铜冶铸工具有锤。锤分为铜锤和铁锤。如 M3:61 锤，是一件铜锤，形状呈圆柱形，高 5.5 厘米，中部有一长方形孔，这种锤与今天使用的锤相似。类似的文物在李家山也有出土。在石寨山还出土一种锻作的铜片，加工这种铜片是非金属工具所不能达到的，滇人墓中出土的铜锤和铁锤，可能就是加工这种铜片的工具。在滇青铜文化的其他遗存中，还出土斧范和锄范。范所铸斧、锄与滇王及贵族墓中出土的斧、锄相同。这些斧、锄可能就是这些工匠们所铸造。

马具　滇王及贵族墓中陪葬的青铜马具有辔、节约、马衔、一通筒、三通筒、铃、策等，少数饰简单纹饰或鎏金，多数是素面。马具的出土说明滇人的马主要用于骑乘。没有出土车具，说明滇池地区没有车，滇王及贵族所使用的交通工具主要是马。

猎具　滇王及贵族墓中陪葬的青铜猎具有铜镞、铜弩机、铜矛、铜剑。用矛和剑作猎具在出土的扣饰中有发现（见后述），用于猎鹿，猎豹和猎虎。这些猎具在打仗时也是兵器。

纺织缝纫工具　滇王及贵族的衣着主要是麻织品，种麻，制麻丝，再织布成衣，当是一项重要的生产活动，因而墓葬中出土的纺织工具种类齐全。这些工具可分为制麻工具、纺线工具、织布工具、缝纫工具等。制麻工具有划麻的钺形刀和削。钺形刀出土两件，柄为实心，两面饰有人形图案，长18.1厘米。出土时与纺织工具在一起，这应是划麻的工具。削形状与剑有些类似，但器小，均是双面刃，长度不一，柄部形状各异。此二类工具出土时多与纺织工具放置在一起，当为划麻割线用具，但也可作生活用具。此类工具在滇文化遗存的李家山、羊甫头也有出土，有的削制作还特别精致。

纺线工具有纺轮、绕线板。纺轮呈圆形。如M17墓出土陶纺轮12个，直径约2.4厘米～3.6厘米，厚0.8～1.1厘米。在同类遗存李家山还出铜、石、木纺轮。绕线板形状各异，质地有铜质和木质，石寨山仅出土两件，一件呈三框格状，即横三条直三条。另一件呈长条状，出土时上均有线痕。

织布工具有卷布轴、卷经轴、分经棍、打纬刀、布撑等。石寨山M17墓出土一套织布工具（图16）。卷布轴呈圆筒形，两端分叉，长45.3厘米，宽3.8厘米。卷经轴形状呈长条形，使用时，置于经线一端，作卷经线用，长46厘米，宽3.3厘米，厚2.3厘米。分经棍呈圆筒形，两端各有一长方孔，内插弹性铜条，管长36厘米，直径2厘米。打纬刀背直刃平，用于织布时击纬线用，长44.5厘米，宽4.3厘米。由此织布工具而

图16　纺织工具

知，当时的布宽度约45厘米，织布方法也和现代一些少数民族用腰机织布的方法相似。同类遗存的李家山也有4座墓出土此类工具。

绕线器是织布所用器具，形状呈工字形，长20厘米，宽25厘米。卷布板呈长方形，残缺，长42厘米，宽12.5厘米，厚0.1厘米，此铜板上刻有细如丝线的纹饰图案。

纺织工具的用法在出土的其他器物上也有表现，如石寨山M1:3纺织场面贮贝器和1992年江川李家山出土的虎耳纺织场面贮贝器，其上表现的是滇人织布的情景，其中就有此类纺织工具，而且这种纺织方法在现代云南的一些少数民族中仍存在，作为特种纺织品的方法在当地一直流传。

上述滇王及贵族墓中出土的生产工具说明滇人生产工具种类齐全，已能满足当时的生产需要；在生产领域中已广泛使用青铜工具；这些生产工具有的不仅具有实用性，还具有观赏性；滇人在铸造这些工具时，不仅注意研究它的使用功能，还注意工具的装饰设计和铸造。在这些青铜生产工具中，尖刃锄、叶脉纹锄、瓦形锄、角尺形镰、纺织工具等具有代表性，它们不仅表现了滇人生产工具的特点，还反映了滇人农业生产的发展阶段——锄耕、镰收、腰机织布。

先进的兵器

兵器是滇王及贵族墓出土铜器中铸造最为精致并具有代表性的器物之一，也是出土较多的一类器物。它们多是青铜铸造，少数为铜柄铁刃器。按兵器的功能，分为长兵器、短兵器、射击兵器、防护用具等。

长兵器　长兵器有长木柄，出土时多数兵器的柄朽而无存，据1999年同类文化遗存羊甫头M113墓所出兵器而知，这些兵器的柄多数还髹漆，长者达2米多。此类兵器有戈、矛、斧、锛、钺、戚、啄、棒、叉等。

戈又分为无胡戈、有胡戈、曲援戈、横管銎戈等。无胡戈即戈无胡而有穿有内，内上有一孔，援直并有脊，援上有一圆孔，援和内上饰回纹、绳纹、云纹、举手人纹等图案。如M12:18戈，内上饰云纹、人形纹，援上饰太阳纹和人纹，通长33.8厘米，援长28.1厘米，援宽7.5厘米，内长5.7厘米（图17）。同类文化遗存的羊甫头M113墓还出土保存完好的漆柄戈。有胡戈即戈有长胡，援长而略弯曲，锋尖而锐，脊上有双槽，栏上有三穿或四穿，多者达九穿，内上有翼，内、胡、翼、援上饰有纹饰。如M13:266戈，内、援、翼上均饰回漩纹，通长29.8厘米，援长21.8厘米，援宽3.4厘米，胡长11.2厘米，内长8厘米。M3:130戈，胡上饰漩纹，援和内上饰方格纹。M6:100戈，

图17　无胡戈

胡上饰蛇纹，翼上饰漩纹，援上饰方格纹。曲援戈即援一边或两边凹凸呈起伏的曲线，如M12:21戈，援上有脊并饰太阳纹，栏上有二穿，长方形内，内上饰举手人纹，长26.5厘米，宽9.5厘米。戈是中原的典型兵器，无胡戈是商代常见形式，有胡长援戈，是商周常见戈，滇人的这些戈明显地保存着中原戈的形式，但在纹饰上却具有鲜明的滇文化特点。

横管銎戈即戈有装柄的管銎，管銎方向与刃缘的方向基本平行，戈的銎面上饰蛇纹、太阳纹、鸟纹、漩纹、菱形纹、方格纹等组合图案。其中有少数戈在銎上还保存着内或穿，如M10:49戈，内上饰人纹，援上饰人纹和太阳纹，銎面饰漩纹、绳纹和虎。M12:21戈，銎面饰兽纹和漩纹。M13:8戈，在内和銎上饰人纹。M21:56戈，援上饰太阳纹，内和銎上饰人纹。这种戈保存了早期的戈的特点。但出土的许多戈的銎上饰有圆雕野兽或纠结的野兽，如M3:86戈，銎背饰圆雕豹，豹口中衔着一只小动物（图18）。M10:39和M7:67戈，銎背饰圆雕相背而逃的狐狸两只。M6:71戈，銎背饰圆雕朝一方向而行的鹿三只，鹿脚下有张口欲噬鹿腿的蛇。M12:11等三件戈，其一，銎背上饰圆雕相对而立的虎和猪，之间有两条纠结的蛇，好似一场生存的拼搏即在眼前。其二，銎背饰圆雕纠结的豹猪。其三，銎背饰圆雕相对而立的一牛一豹，似作欲斗状。M12:12戈，銎背饰圆雕相向而行的水獭，中间是一条鱼，好似一场争食鱼的搏斗即将开始（图19）。M13:206戈，銎背饰沿同一方向而行的圆雕熊三只（图20）。M13:208戈，銎背饰沿一方向奔跑的圆雕狐狸三只。M13:171戈，銎背上饰作追逐状的圆雕狐狸两只。M13:281戈，銎背上饰纠结的圆雕虎、熊，旁有一猴似在惊叫，一蛇昂首（图21）。有的銎背饰禽，如M3:87戈，銎背饰一对圆雕凫水状鸳鸯；有的銎背饰人物，如M6:70戈，銎背饰圆雕骑士二人，后随一赶马人，其下有一蛇；有的銎背饰家畜，如M13:151戈，銎背饰一大一小的圆雕牛二头，小牛走前，大牛随后。M13:357戈，銎背饰相背而立的圆雕羊二只；有的銎背饰铜鼓，M21:31戈，銎端上饰立牛的铜鼓（图22）。横管銎戈銎面上的这些圆雕装饰有研究认为是由内演而来，多姿多彩的圆雕野兽、飞禽、人物、家畜等装饰使得戈生动有趣，并形成滇人的特点。横管銎兵器的銎可直接而方便地把柄装入銎内，其柄可长可短，这比装曲柄的竖銎兵器简单易行，这体现了滇人工匠们

图 18　饰豹噬动物戈

图 19　饰二獭争鱼戈

图 20　饰三熊戈

图 21　饰虎猪纠结戈

图 22　饰牛戈

图 23　人纹斧

图 24　铜斧
1．鱼尾纹铜斧　2．饰兽铜斧

的聪明才智。

斧按銎的形状分为竖管銎斧和横管銎斧。竖管銎斧的形状与农具的斧相同，但銎上的装饰较华丽，除饰弧线、齿纹、漩纹、太阳纹、绳纹、点纹等纹饰外，有的饰以人纹。如M1:17斧，在銎上饰人头纹，人头发辫飘逸，耳坠大耳环（图23）。有的还在銎侧饰以圆雕动物，如M12:6和M13:292斧，銎侧饰一圆雕兔；M13:105斧，在銎侧饰一圆雕羊羔；M16:9和M21:38斧，在銎侧饰一圆雕虎；M13:232斧，在銎侧饰一圆雕豹；M13:253斧在銎侧饰一圆雕似狐兽；M12:6斧在銎侧饰一圆雕雉鸡。有的把銎制成动物的一部分，如M6:98斧，銎上饰鱼鳞纹，刃饰鱼尾纹，整个形状呈鱼尾形（图24：1）。

图25　饰二飞鸟斧

横管銎斧即安装柄的管銎方向与斧刃缘的方向基本平行。銎长8.8厘米~15.5厘米，銎径2厘米~2.4厘米。除在銎面饰漩纹、齿纹、太阳纹等组成的图案外，还饰圆雕野禽、兽、家畜。如M13:235斧，銎背饰圆雕相背展翅引首欲飞鸟两只，足下各踏一蛇（图25）。M6:93（图24：2）、M6:104和M7:60斧，銎背饰圆雕狐狸两只，狐狸相背伏地，尾相交。M3:85斧，銎背饰一圆雕张口欲跑的豹。M13:210斧，銎背饰圆

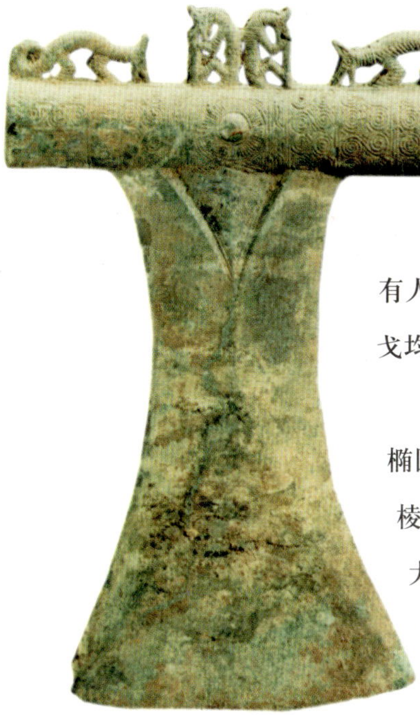

图26 饰四兽斧

雕伏地而行的狐狸3只。M10:43、M12:7、M22:27斧，銎背饰抽象的圆雕狐狸4只，两端者相向而行，中央者相背而坐（图26）。M13:289斧，銎背饰圆雕跟随而行的公牛3头。这种饰圆雕动物的横管銎斧，有人研究认为是受横管銎戈的影响而产生，它与横管銎戈均是滇青铜文化的代表性器物之一。

啄的形状呈丁字形，啄刃或窄或尖。刺身呈圆形、椭圆形或棱形。銎或长或短，銎口为圆形、椭圆形或棱形，銎面多饰有漩纹、齿纹、菱形纹、网纹、蛇纹、太阳纹。銎背多饰圆雕动物或纠结的野兽。銎长者，所饰动物较多，反之则少。如M12:17、M16:11、M21:3、M22:32啄，銎背饰圆雕狐狸四只，两端者对向而行，中间者，相背而坐。M6:83啄，銎背饰一圆雕鹿。M12:16啄，銎背饰一圆雕熊。M13:245啄，銎背饰一圆雕狐狸。此类器物也见于李家山和羊甫头。有的饰人物，如M6:67啄，銎背饰圆雕人赶牛，一人在前负袋而行，并牵一牛，二人在牛后跟行，一人手中持物于肩（图27）。有的饰水禽，如M3:131啄，銎背饰圆雕鹈鹕两只，其中一只还在吞食鱼（图28）。M7:15啄，銎背饰圆雕飞鸟。M9:1啄，銎背饰一圆雕鸟。有的饰家畜，如M13:295啄，銎背饰圆雕牛三头。M10:55啄，銎背饰圆雕牛两头。

图27 饰人牛啄

图28　饰二水鸟啄

图29　饰人钺

M13:362啄，銎背饰圆雕立牛四头，这些牛相随而行。此类器物也见于李家山。有的饰单个动物，如M3:132、M6:132、M7:5、M10:54和M13:205啄等，銎背饰一圆雕立牛。这种饰圆雕动物的横管銎啄有研究认为是受横管銎戈的影响而产生，它与横管銎戈同是滇青铜文化的代表性器物之一。

钺的形状有扇形、靴形和锚形。纹饰各具特色，除饰以绳纹、人字纹、双漩纹、叶纹、弧线纹外，还饰以独特的圆雕或浮雕动物。扇形钺形如扇，如M12:130和M13:167钺，在銎侧饰一圆雕狐狸。M13:164钺，在銎侧饰一圆雕穿山甲。M13:166钺，在銎侧饰一圆雕豹。M13:168、M13:184钺，在銎侧饰一圆雕虎蛇，蛇缠于一幼虎身上，虎似呆滞不前。此类器物也见于江川李家山、安宁太极、官渡羊甫头。靴形钺形如靴子，刃一边长一边短，如M6:15钺，在銎侧饰一圆雕人，人头顶平帽，双手抚膝，双脚蹬耳，坐于銎口上（图29）。锚形钺形如锚，如M3:93、M3:137，M6:66，M7:65、M7:69，M13:154、M13:212 7件钺，銎侧均饰一圆雕鹈鹕，有的鹈鹕正在吞食一条鱼。M10:45钺，銎侧饰一圆雕猫。M12:128钺，銎侧饰一圆雕猴蛇，蛇缠于猴身上，猴呆立于地上（图30）。M12:129钺，在銎侧饰一圆雕羊羔，羊前腿跪于地上，后腿蹲下，作跪卧状。类似器物也见于官渡羊甫头、呈贡天子庙、江川李家山。

戚是竖管銎，銎孔呈椭圆形，銎口略内凹，出土时有的銎内还残存木柄，在銎的一侧也饰有圆雕动物。刃有弧刃、尖刃和平刃。弧刃戚如M7:59戚，在一侧饰一鹈鹕。M13:174、M13:214戚，在銎侧饰一圆雕猪。M10:83戚，在一侧饰一只穿山甲（图31）。类似器物李家山也有出土。尖刃戚如M3:92、M3:149和M7:8戚，銎口凹下，銎上饰绳辫纹、漩纹和方格纹，一侧饰一圆雕猪。M12:4戚，銎一侧饰一圆雕穿山甲。M13:199、M13:217戚，銎上饰漩纹、绳纹、方格纹，銎侧饰一圆雕豹。M16:14戚，銎一侧饰一圆雕猫。收集的一件戚更为有趣，銎为蛙形（图32）。类似器物李家山、羊甫头也有出土。以前报告中均称此类器为矛，据羊甫头出土此类器的装柄和使用情况确定，当为戚。平刃戚，銎呈一伏地的蛙状，蛙前足为耳，口为銎口，身饰漩纹。类似器物呈贡石碑村也有出土。

矛只存金属部分，木柄朽无。銎和刃各有长有短，如M15:23矛，长刃短銎，刃起

图 30　饰猴钺

图 31　饰穿山甲戚

脊，脊上饰蛇形纹（图33）。有的矛在銎上饰纹饰和图案，或饰圆雕俑，有的矛在脊上饰有纹饰和图案。饰纹饰和图案的如M3:101和M6:84矛，銎上饰绳纹和漩纹图案，并有八耳。M13:305矛，刃两面各饰一人头纹。M13:363矛，銎上饰人头纹。M15:21矛，銎两面各饰蛇四条，脊上有倒刺钩。M15:20矛，耳上饰一小铃。M3:108矛，銎上饰一凤纹。M9:3和M17:13矛，銎口作鸭嘴形，刃叶上饰方格纹。饰圆雕俑的矛如M3:112、M7:9、M6:84三件矛，在刃叶两侧后锋尖上各饰一小铜人，一男一女，裸体，两手背捆并吊于纽绳上（图34）。M6:88矛，銎与刃叶间有一横档，档两端各饰一圆雕立牛。素面者形状与饰图案者相同。有的墓还出铜銎铁锋矛。

图32　蛙形銎戚

棒又称狼牙棒，身呈八棱形，銎呈圆形。有的棒面上有八行尖齿，计出土尖齿棒13件；有的棒面是素面，计出土素面空心棒14件。此类器物也见于江川李家山。

叉即锋刃分为两叉，呈双尖状，似蛇舌，但较为夸张，叉有长有短。銎孔是圆形。M6:2叉的銎形状奇特，銎呈蛇头状，造型优美（图35）。计出土这种叉10件，大者锋长19.7厘米，銎长10.5厘米。M13:149叉的銎上还有双耳，饰有蛙图和漩纹。类似的器物也见于江川李家山。

图 33　双耳矛

图 34　饰坠人矛

图 35　蛇形銎叉

短兵器　短兵器是人们随身佩带的兵器，也是使用较多的兵器，因此，数量多，装饰华丽。这类兵器只有剑。石寨山出土的剑有长有短。剑的形状呈长三角形，并有脊线，在剑身的后部，有的饰以人纹、蛙纹、蛇纹、兽纹、长三角形纹或组合图案。据格的有无，分为有格剑和无格剑。

无格剑即剑身与柄之间无一挡手的格，而柄的形状富于变化。如M6∶29剑，柄首呈圆形，茎为素面。M3∶32剑，柄首呈八字形，茎上还嵌宝石。M22∶38剑，柄上饰漩纹和弦纹。M13∶

172剑，茎及刃上饰人纹。M21:16剑，柄上饰直线纹，剑上饰长尾兽。M22:54剑，柄作葫芦形。有的柄部饰漩纹、齿纹组合图案和鸟图案等，或在茎首饰玉，或嵌饰一圆形玛瑙扣。

有格剑即剑身与柄之间有一挡手的格，格的形状分为一字格和山字格。一字格剑是滇人最常用的剑，也是出土最多的一种剑。这类剑的格即剑身与柄部之间的格形如横写的“一”字。此类剑的柄富于装饰而具有特点，而最为有趣的剑有四类。第一类是把茎部做成人形，此类剑就有18件，如M3:46和M7:56剑，柄两面是一站立的武士。M4:3剑，柄两面均是一左手提人头，右手持剑的武士。第二类是把柄做成人形，这类剑就有10件，如M4:5剑，柄铸成一圆雕裸体立人。M6:68剑，柄铸成一圆雕猴，但看上去又像人，为一女性，蹲坐于铜鼓座上，两手触座，两乳及膝（图36）。M7:45剑，柄部两面是一身穿铠甲，双手持剑的武士（图38－3）。第三类是把柄做成蛇形，此类剑有10 件。如M6:48和M13:51（图37）等剑，柄作圆雕蛇头形，蛇张口露齿，使人见之，颇有几分畏惧。M21:13剑，残柄上饰蛇纹。第四类是在剑上刻饰动物或动物图案。如M13:172剑，柄上饰漩纹，剑身刻饰人、虎、猴纠结图，猴拉虎尾，人头饰椎髻，一手搂虎颈，一手持剑欲刺虎（图38－1）。M6:39剑，柄上饰绳纹，剑身两面各刻饰一虎。M13:233剑，柄饰弦纹，剑身后部刻饰一似鹿兽。M6:21剑，剑身上刻饰人虎猴搏斗图，猴拉虎尾，人骑于虎前胛背上，双手卡虎颈。M13:219剑，柄上饰相互缠绕的二蛇，剑身一面刻饰一虎，虎尾叮一蜂，一面饰一金钱豹，后面一猴，拉尾欲噬（图38－2）。M13:233剑，在剑身两面刻饰一蹲座的豹。M13:102剑，剑身饰蛙纹图案。M13:313剑，剑身刻饰一鹿。M22:47剑较为特殊，柄上饰一虎、一牛和一鸟。

山字格剑即格形状如同“山”字而得名，“山”字口向剑锋，柄上饰弦纹。这种剑出土少。而此类剑又在滇西地区出土最多。滇人使用的此种剑，当是来自滇西地区。

鞘有的为铜制，其上饰有美丽的纹饰，如M3:28剑，上饰有蛇纹（图38－4）。有的可能是用木或革为鞘，在鞘表面上嵌以金片，金片上压饰人物、牛、蛇和几何纹等图案，更显华丽，如M12:52剑鞘饰，图案为人赶牛（见本书金器部分）。

除青铜剑外，还有铜柄铁剑或铁剑，但这种剑多锈蚀残缺，保存不佳。

图 36　猴柄剑

滇人佩剑的方法有两种，一种方法是把剑系于腰间，这种方法见M13:38舞盘扣饰和M18:1踞坐俑。另一种方法是用带斜挂于肩上，这种方法见于M10:53贮贝器上的鎏金骑士和M12:155扣饰的骑士。滇人佩剑的方法也见于后来的一些少数民族中，《岭外代答·卷六·蛮刀》载："瑶也黎刀，带之于腰；峒刀蛮刀，佩之于肩。"

射击兵器　射击兵器包括弩机、镞和箭箙。弩机仅存金属部分，有的弩机还鎏过金。镞有长有短，叶有宽有窄，有的有脊线、血槽或双翼。有的镞铤是圆形空心或实心铤，有的镞铤是实心棱形铤。在同类文化遗存中还出土盛箭镞的用具箭箙。

防护兵器　防护兵器有盔、甲和盾。M13:109鎏金俘获扣饰上有两武士头戴盔，由此文物可见盔的完整形状。在同类文化遗存的李家山、呈贡天子庙均有原物出土。甲有腿甲、臂甲、衣甲、背甲、颈甲。出土时大多已破碎，仅有少数可辨认。石寨山M13:109扣饰所展现的人物中有一武士戴有颈甲，可见甲的使用方法。在同类文化遗存的李家山、呈贡天子庙、安宁太极山有原物出土。盾出土器物中没有见到，但在M6:1和M13:356战争场面贮贝器上，有的兵士持有盾，这说明滇人兵器中有盾是无疑的，可能这种盾是皮制，不易保存，所以没有出土。

在滇人的兵器中，以射击兵器和长兵器的历

史较长。射击兵器中的铜弩机很可能是从新石器时代的弓发展而来，铜镞是从新石器时代的石镞发展而来。长兵器可能是由生产工具中的斧发展演化而来，而铜斧又源于新石器时代的石斧。

人的素质和武器装备水平是军队战斗力构成的两大要素。滇王军队人的素质我们今天不得而知，但从出土的这些兵器可见这些青铜兵器设计先进，制作工艺良好，装饰内容丰富，种类齐全。由此推知，在当时西南夷中，滇王军队的武器装备处精良之列，滇王军队是有很强战斗力的军队。滇在西南夷中虽是小邑，但势力很大，这当与滇王统领的军队战斗力强有一定的关系。

在出土的兵器中，有的光素无纹，有的饰有单个圆雕动物或人物，有的饰有美丽的纹饰。那些素面或纹饰一般的兵器当是实用武器。那些饰有美丽纹饰和圆雕人物或动物的兵器可能是用来作仪仗使用，也有学者认为可能是用来作权力的象征。

滇池地区的青铜兵器有其突出的地方特点。有研究者认为，滇人的管銎斧介于中原长管銎斧和短管銎斧之间，钺只在纹饰上受到中原青铜文化的影响，而在形制上则基本保持了自己的地方风格和特点。也有研究者认为滇人的剑具有一字格和柄富于变化等特

图 37 蛇形柄剑

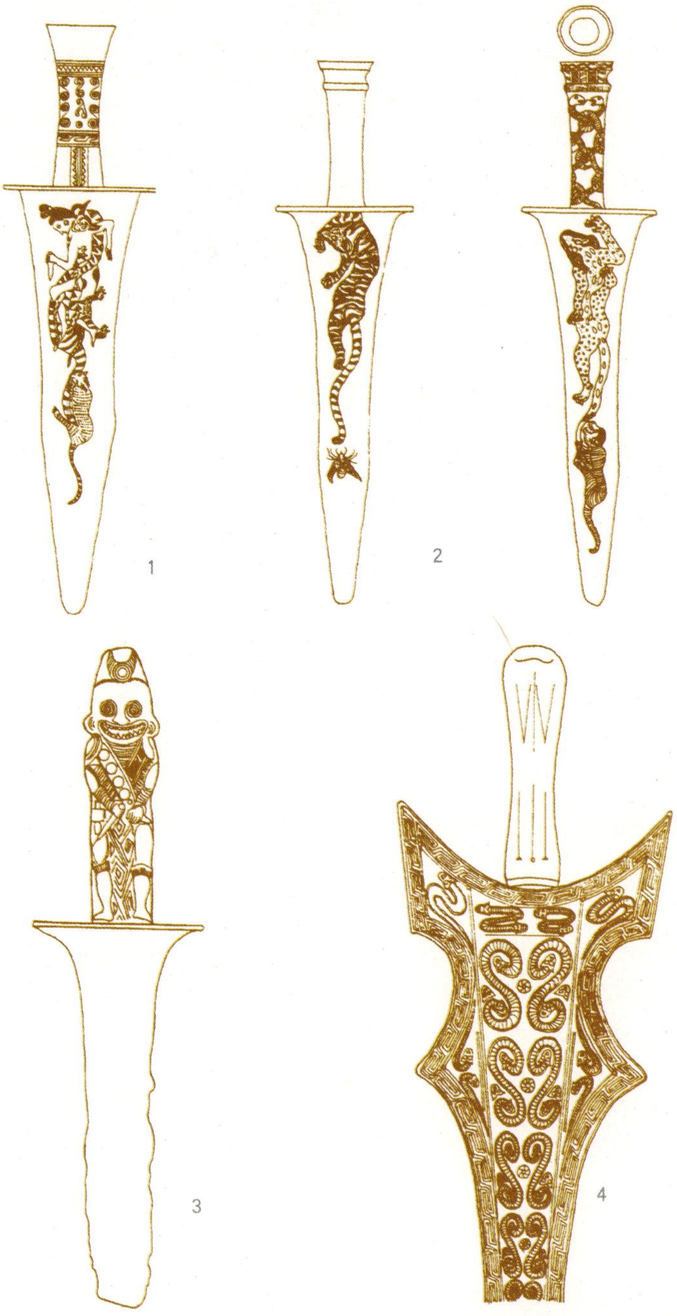

图38　剑、鞘

1.猎虎纹铜剑　2.蛇虎豹纹铜剑　3.武士柄铜剑　4.蛇纹铜剑鞘及剑

点。一字格剑与河南、湖南发现的春秋战国时代的圆筒形茎，薄窄格剑似有联系。而无格式剑与相邻的巴蜀战国时代扁茎无格柳叶形剑似有联系。早期无格式剑多于有格式剑，而晚期有格式剑多于无格式剑。这些联系反映了滇青铜文化与汉文化的交流。滇青铜兵器中的戈、矛、斧、弩机与中原的相同或相似，说明这些兵器是由内地兵器发展演化而来。由此而知，在很早的时候，滇人就与内地有交流，先进的兵器被滇人学会并发展成为具有地方特色的兵器。

奇特的用具

滇王及贵族墓地出土的青铜用具中，铜枕、铜伞、铜俑、铜杖头、铜杯、铜壶、当卢形铜片等，也是最具滇人特点的器物之一。它们不仅造型奇特，而且用途也很奇特。

铜枕 石寨山出土铜枕的墓有四座，每座墓只出有一件，这四座墓均是大墓。出土的铜枕形状呈马鞍形，中空，两端翘立，顶饰一圆雕立牛，内面为素面，外面饰漩纹，器形较大，如M16:6枕，长达40厘米，高22.5厘米（图39）。这些铜枕出土时均置于死者头部，说明它们是作枕用。但开始时，并没有认识它的用途，认为它可能是一种案。枕在同类文化遗存的江川李家山、呈贡天子庙、官渡羊甫头也有出土，以江川李家山出土的枕上纹饰图案最为华丽。研究认为铜枕不仅是一种用具，它还是一种礼器，只有滇王才能享用，这确有些奇特。铜枕还说明滇人当时生活中用硬具为枕，这与越人用瓷枕和木枕相似，这似乎告诉我们当时滇人的生活也受到越人的影响。使用铜枕不仅显示墓主身份，还具有阶段性。研究认为，铜枕出现于春秋晚期，流行至战国晚期，西汉早期逐渐消失。

铜伞盖 形状呈一覆锅形，内外表面是素面，边沿有小环耳，并系有小铃，一侧有一短铜柄。出土时位于棺两端，由男俑或女俑所持。如M20:2伞（图40），直径40.5厘米，通高104厘米（连柄）。在同类文化遗存的江川李家山墓地也有伞出土。伞出土时置于死者头部，其下有头骨和牙齿。这一现象表明伞盖或是置于木棺头，或是置于棺内死者头部。由此而知，伞盖是一种礼器，只有滇王或贵族才能享用。据对已出土的铜

图 39 饰牛铜枕

伞研究认为，春秋晚期至战国晚期的铜伞无俑持，而西汉的铜伞均有铜俑持。不同时期，伞的形状也略有差别。使用铜伞不仅显示了墓主身份，也具有阶段性特点。滇王及贵族为什么使用铜伞，后期还使用铜持伞俑，有待深入研究。

铜俑 石寨山出土铜男俑五件，铜女俑五件，出土时均置于铜鼓或鼓形贮贝器上，手上均持有铜伞，姿势为跪坐或蹲坐，所饰衣物各有不同，大小有别。如M6墓出铜男俑两件，两俑相同，高50厘米，头梳螺髻，披毯，戴项链，腰束带，腰左佩一短剑，腹前饰一圆形扣饰，跪坐，跣足，双手持一铜伞（图40）。M13：227女俑，高43厘米，头梳高髻，披毯，束带，腹前饰一圆扣饰，跪坐（图41）。在同时期的李家山墓地中也有四座墓出土铜持伞俑。研究认为，这种铜持伞俑是一种礼器，出现于西汉早期墓中，只有滇王或贵族才能享用。这种俑持伞跪坐或蹲坐于铜鼓或鼓形贮贝器上，不仅是墓主身份的显示，也当是墓主的守财奴。

铜杖头 出土时，多数柄朽无，少数杖头銎内还残存木柄，并与兵器摆放在一起，各墓出土数不一，少者有一件，多者有七件。这些杖头有家畜、俑、鹿、铜鼓、蛇头、兔、孔雀、鸟和鱼等。如M3：127杖头，銎上是铜鼓，鼓上立一高峰牛。M12：169

杖头，銎上是一铜鼓，鼓上卧一牛。M19:3杖头，銎上是一铜鼓，鼓上立一鹿。M18:6杖头，銎上是一铜鼓，鼓上跪坐一女俑，俑头后梳银锭式发髻，戴耳环，穿对开襟短衣，双手抚膝，手腕上戴镯四只。M19:4杖头，是飞鹰杖头，鹰展翅立在铜鼓形銎上，嘴衔蛇尾，蛇咬鹰翅（图42）。M12:143杖头，是一鱼，鱼腹下是一圆銎，鱼长26.3厘米（图43）。同文化遗存的官渡羊甫头和江川李家山也有出土。墓中放置杖头，多少不同，内容也不同，其用意是什么呢？不得而知。

杯　在出土的用具中，有一件青铜杯也颇具特点。盖项饰一虎提梁，虎呈奔跑状，造形优美（图44－1），这可能是滇人的酒具。

壶　在出土的青铜用具中，有一件壶，制作工艺特别精湛。此壶无盖，长颈，鼓腹。在颈部刻饰飞凤两只，肩部刻饰立鹿三只，腹部刻饰凤豹各两只，刻线细如毛，图形比例协调，是滇青铜器中的精品（图44－2）。

尊　在出土的青铜用具中，有一件尊，其造型也具特点，在尊的肩部饰对称的圆雕卧牛两头（图45）。

盒　在出土的青铜用具中，有两件铜银合金盒，也颇具特点，两件盒均是圆形，圈足，盖及盒上均饰瓣纹。M11:6盒，盖上饰圆雕浮水状鸟三只。M12:33盒，盖顶饰圆雕小豹三只（图46）。有研究认为这两件器物可能来自西亚。如果真是这样，那么，滇人通过什么方式与西亚联

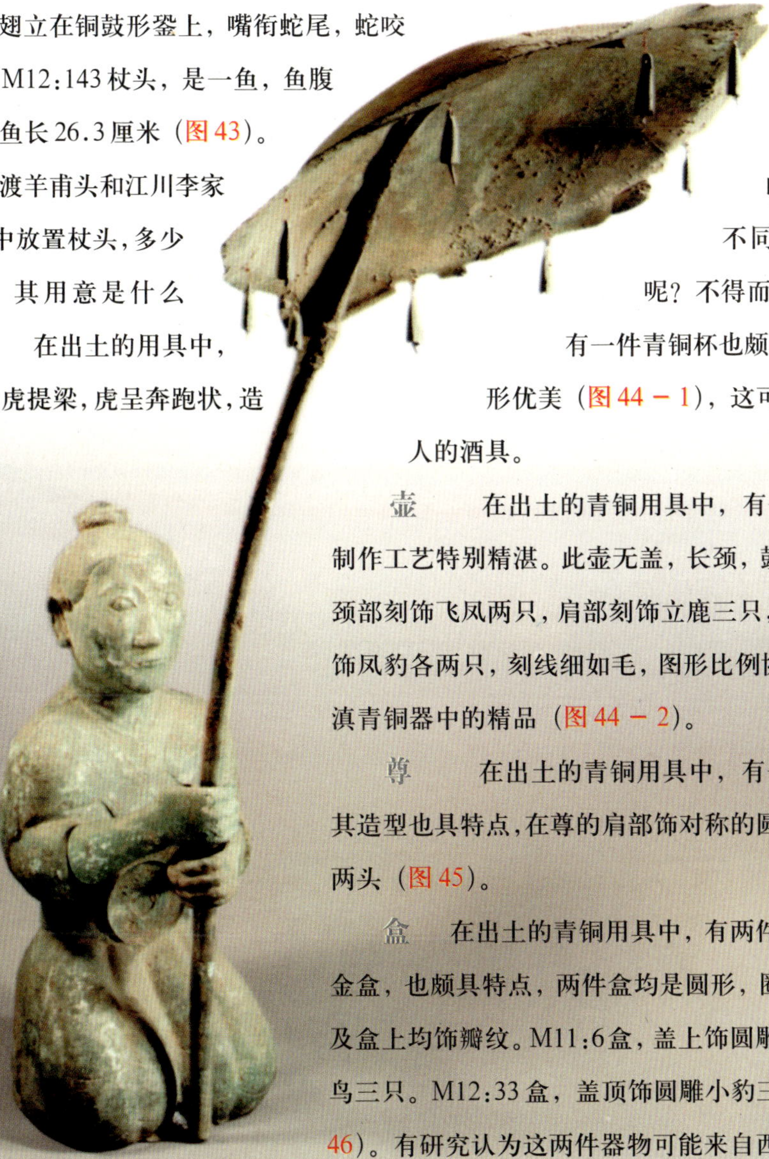

图40　持伞俑

图 41　持伞俑

图 42　飞鹰杖头

图 43　鱼杖头

图 44　杯、壶

1 虎纽盖铜杯（M15：22）　2 凤鹿豹纹铜壶（M17：24）

图 45　饰牛尊

图 46　饰三兽盒

图 47　当卢形铜饰

系的呢？这又是一个谜。

当卢形铜饰　在石寨山墓中，唯M7墓出土12件，面饰凤纹，边有缚孔，高13.7厘米。此铜饰凤纹优美，造型美观，其用途不明，也许就是当卢上的饰件（图47）。

聚财的贮贝器

在滇王及贵族墓中还随葬一类独具特色的青铜器，这种青铜器因内均装有贝，贝又是滇人的财富——货币，而这些贝当是积攒所致，故称这种聚财青铜用具为贮贝器（图48）。

海贝　自进入阶级社会以后，由于商品经济的发展，出现了固定的通用的等价物——货币。海贝具有光滑、洁白、美观、耐损和稀有等特性，因而当时的人们选它作为等价物。在云南青铜时代的早期遗存中，虽出土了贝，但数量少，有的还被用来作装饰品，这反映了青铜时代初期社会经济水平较低。到了青铜时代的发达时期，表现经济发展的等价物货币——贝大量出现。在滇王及贵族墓中，这些贝多放于青铜贮贝器中或铜鼓中，可见这时的贝才真正体现出了它的特性，即等价、财富和贮存等。人们对它占有量的多少，就成了当时人们贫富的标志。积蓄贝，以供生前和死后使用，已成了滇人的一种时尚。

图48　饰祭祀场面贮贝器

滇王及贵族墓中出土的贝在生物分类学上属腹足纲，宝贝科，分为两个种：一种是货贝（Monetaria moneta），长约2厘米，高约1厘米，形状似卵圆形，背高，两侧低平，壳后两侧突然扩大，并形成结节突起，壳呈黄色，背有不明显的灰绿色带纹和细橘红色环纹；另一种是环纹贝（Monetaria annulu），长约2.7厘米，高1.3厘米，形状呈卵圆形，背高凸，有一圈橘红色的环状纹，环纹内呈淡褐色或淡灰蓝色，环纹外为灰褐色或灰白色。在同类文化遗存的江川还出有虎斑宝贝（Cypraeatagris），仅发现两枚，长约10厘米，背部有大小不同的黑褐色斑点。这些贝主要产于印度洋至大西洋沿岸地区，也产于我国的台湾、海南岛、西沙群岛。滇王及贵族墓出土的这些贝来自海洋地区。

青铜时代，滇人领地只限于以滇池为中心的地区，虽然强大一隅，但无沿海属国。滇人的海贝不可能是进贡而来。滇人所在的地区，盛产铜、锡，铜、锡是青铜时代重要的物质资料，滇人拥有这些贵重金属，而沿海地区却无铜、锡而有贝，两者优势上的互补性，加上南北间经济发展的共同需要，就自然促成了他们之间的贸易产生，滇人的贝很大可能是通过贸易而来。对越南、泰国、老挝、柬埔寨的青铜文化研究表明，在青铜时代，已存在着与北部的金属铜、锡的贸易，这就进一步证实了滇人这种贸易的可能性。而滇王及贵族墓中出土的贝也证实了滇人与产贝地区——东南沿海、越南、泰国、柬埔寨、印度等地区的贸易往来，这些地区用贝换取滇人的铜、锡等，滇人把换来的贝作为财富或宝物存贮起来，在滇人中进行牲畜、金属、奴隶、宝石等交换。

贝只出土滇王及贵族墓中，一般小墓及部分较大的墓中无贝出土，这种现象说明在滇人社会中，社会财富高度地聚集于少数滇王及贵族统治者手中，他们不仅生前享用，死后还将其带入墓葬中，可见滇人社会贫富差别之惊人。滇王及其贵族掌握着广大贫民和奴隶的生杀大权，他们生前都无贝，死后也无贝随葬。

贮贝器分类 据考古发掘统计，在已发掘的86座墓葬中，可确定有17座墓出土各种青铜贮贝器50件，一座墓出土最多的贮贝器有7件，最少的墓仅有1件（见表1）。

滇王及贵族墓中随葬的贮贝器，按形状可分为铜鼓、铜鼓形、叠鼓形、洗形、桶形。铜鼓贮贝器是直接使用铜鼓作贮贝器，如第二次发掘中，出土的11件铜鼓中有9件内装满了贝。这是一种使用上的借用，滇人把作为乐器的铜鼓直接用来装贝，体现了滇人权力和财富统一的观念；鼓形贮贝器，即形状呈铜鼓形。鼓形贮贝器器盖上一般饰圆雕人物活动场面，这可能是因其不能作敲击的原故，也许是为表现死者生前的富贵生活，或生者对死者的一种美好希望，不论怎样，这些人物活动场面为我们展示了当时滇王及贵族社会生活的各个方面。叠鼓形贮贝器即把两个铜鼓叠在一起，制成专用的贮贝器具，其上也饰有表现人物活动场面的圆雕人物；洗是滇人的一种盛器，主要用于盛水，形状类似于盆，滇人加以改造，专门用于贮贝，但这种贮贝器只发现一件；桶形贮贝器形状呈圆筒形，束腰或直壁，三足，足扁平，均有对称的两耳，有盖，盖与身为子母口套合，其耳和盖部特征又各有所不同，此类贮贝器出土较多。

贮贝器的产生当有其自身的社会根源。在青铜时代的早期，虽有贝，但数量少，还没有用作货币，有的被用来作装饰品。贝的数量少，人们对贝的奢望还处于低水平阶段，因而也就无贮贝的专用器具。到了青铜时代的鼎盛时期，表现经济发展的等价物货币——贝大量出现，人们对它的占有和占有量的多少，就成了当时人们贫富的标志。为了积蓄贝，表示人们对贝的器重，因而出现了专门用于贮藏贝的器具——贮贝器。据目前考古材料而知，专用贮贝器出现的时间大概在春秋晚期至战国初期，与滇王及贵族的形成时间大体相同。

在石寨山及滇池地区的考古发现，只有少数大中型墓才出土有贮贝器，而一般的小墓则无贮贝器出土。这一现象说明，在滇人社会中，只有王公贵族才有贝和贮贝器。在确定为一代滇王的M6墓中出土桶形贮贝器两件，一件为虎耳，三足，平底，盖顶饰圆雕五牛，另一件为平底，无足，盖上无牛。另外，出土饰战争场面叠鼓形贮贝器一件，内贮满了贝，出土铜鼓形贮贝器两件，内装满了贝，由此可见滇王的富有程度。

从表1可知，在已发掘的滇王及贵族墓中出土的青铜贮贝器均确定为战国晚期到西汉中期。叠鼓形和洗形贮贝器出现时间为西汉早中期，铜鼓贮贝器、鼓形贮贝器、桶形贮贝器在战国晚期和中期均有使用。在石寨山第三次发掘中，一个西汉晚期墓葬中发现有一件木质贮贝器，这说明到青铜时代的后期，也使用木质贮贝器。但在西汉以后的墓葬中，未发现青铜贮贝器，这反映了青铜贮贝器的消退。

贮贝器的装饰　在这些贮贝器上均饰有装饰图案或圆雕人物场面等，这些图案和圆雕人物场面蕴含着丰富的文化信息，重要而有特点的信息有祭祀、战争、纺织、赶集、入仓、出巡、舞蹈等。

表现祭祀场面的贮贝器有三件。一件是 M12:26 桶形贮贝器，在盖上饰圆雕人物27个，表现的场景是：一边是一幢杆栏式房屋，屋楼上正中坐一梳髻的妇女，后立一侍者，前有五人列坐，前右有三人列坐，左右和后列铜鼓16面。前面的楼梯上一人正持物而上，楼下有一马一人。楼下左右和前面置有铜釜，周围人物计有骑马者、顶物者、顶箩者、顶罐者、奏乐者、持筐者、持盘者、杀牛者、杀羊者、抱鱼者、握蛇者、饲猪者、被裸体捆缚者、脚套枷者，边有拴虎柱和拴豹柱，房后柱上一巨蛇正吞食一人，两边有大铜鼓。研究认为此场面表现的是一种诅盟的仪式。1992年，李家山也出土类似的器物一件。另一件是M1:4鼓形贮贝器（图48），盖顶饰有圆雕人物52人，犬一条，猪一头。人物布局是中央是一铜柱，柱顶立一虎，虎身缠一蛇，两侧边各立一铜鼓，柱旁立一碑，碑上缚一裸体人，旁有一握剑而视者。前有脚锁于枷上者一人，双手背缚者一人，边有脚手被缚者一人。左有四人抬舆一组，内坐一妇女，其余有提篮者，篮内盛有鸡、鱼及其他物品，还有担柴者。此铜鼓形贮贝器上的人物场面表现的也是一种祭祀的情景。舆内的人当是墓主人，随葬此贮贝器，当是希望死后也能像生前一样，坐舆参加此类祭祀活动。有研究认为此场面是祭柱，柱即祖。又有研究认为表现的是一种庆丰收式的“报祭”活动。第三件是M20:1鼓形贮贝器（图49），表现场面又是另一种祭祀，该器通高30厘米、盖直径32厘米，盖上饰圆雕人物32个，中央是三个叠起的铜鼓，人物活动可分为两部分，一部分中，有抬肩舆者，肩舆内坐一人，其前其后有行礼者、负包者、提篮者、持盂者、骑马随行者、顶箩者、扛锄者，并有犬相行；另一部分，地上躺无头人一个，鼓旁跪一人，有一立碑，其上缚一裸体人，另有坐者、跪者、立者、提篮者、捧物者、骑马者。这些人物是做什么呢？研究认为是祭铜鼓或祈年祭祀。

表现战争场面的贮贝器有两件，一件是M6:1叠鼓形贮贝器（图50），高53.9厘米，底径37厘米，盖直径33厘米。上有盖，下有底，出土时内装满了贝。盖上饰圆雕人物22人，马5匹。人高约6厘米。其布局是骑马者，披甲戴盔，手持矛向地上的人刺杀。地上人物，有扑于地上作挣扎者，有持盾、佩剑、持矛作刺杀者，有正从马上坠

图 49　饰祭祀场面贮贝器

图 50　饰战争场面叠鼓形贮贝器

落者，有双手举弩欲射者，有跪于地上似为投降者，有双手被捆缚的俘虏者，有无头裸体者。此状态表现的是一副战争厮杀的场面。另一件是M13:356洗形贮贝器（图51），在其底附一副三足架，出土时内装满了贝，盖大于身，其上也饰有人物13个，其状态有通体鎏金的骑马者一人，此人戴盔披甲、佩剑、跣足，左手持马缰绳，右手持矛向地上仰卧披发者刺杀，其马颈上挂一人头。裸体、无头、躺于地上者一人。穿甲戴盔、持盾握剑作刺杀者八人，提人头者一人，踏人背、提其发、作欲刺状者一人，还有欲拔剑者，作欲射弩者，表现的也是一幅战争厮杀场面。这两件器物中，均有一个突出的人物，此人是否就是墓主人的象征呢？此战争场面当是为主人颂功，由此可见滇人战争的状况。在石寨山M1墓出土的一件鼓形贮贝器腰部刻饰持有矛、钺、弩等兵器的人物6人，他们好似在操练一样，表现了滇军队士兵操练的情景。

表现纺织场面的贮贝器仅M1墓出土一件，高21厘米，口径24.5厘米，盖顶饰圆雕活动人物18人，鸡一只，犬一条，案一个。人物高2.5～6厘米。人物布局是一座方

图51　饰战争场面贮贝器盖

台上跪坐一人，高大，身鎏金，梳银锭式发髻，身后有持兵器立侍男俑一人，前有捧盘跪侍者三人，盘中有食品，这说明此人是主人。周围是作腰机织布者六人，跪坐者四人，双手捧献一长方形物者一人。旁案上放置有织好的布。这表现的是一幅纺织场面。同类器物李家山也出土一件。据此而知，西汉时期，滇人的手工业有了进一步的发展，出现了专业作坊或手工业大户，此器物所表现的当是滇人纺织作坊的情景。在贮贝器上饰一组纺织场面人物，可能是希望死者死后也像生前一样，有人为其织布做衣，由此可见当时滇人的纺织是处于腰机纺织的阶段。

表现赶集场面贮贝器仅出土一件，这是一件叠鼓形贮贝器（M13:2），上鼓残缺，在下鼓口沿上饰圆雕人物21个，人物高9～10.4厘米，他们行走方向均是从左向右，其形态各异，以行走群落分为三组。第一组前是梳长辫的两妇女，其中一人左腰佩一剑，一人右肩杠盾牌。其后是四男人，其中一人披毯、佩剑，一人已残，两人头着圈帽，饰耳环，腰间佩剑，其后者牵一马，并跟随一牛；第二组前是四男人，其中首尾两人头戴圈帽，披毯并曳地，腰间佩剑，中间两人梳发髻，穿短裙，其后是妇女三人，其中一人背内装猪腿的篓箩，两人梳长辫，并有一羊跟随；第三组前是男人四个，其中一人头梳发髻，着短衣长裤，腰间佩剑，一人右手握杖，畜长须，左腰佩剑，一人背篓箩，一人头梳尖髻，左肩挂一袋，手牵一牛。此好似忙于去赶集，表现的是在路上行走的状况。

表现牧畜场面贮贝器有两件。一件是M10:53桶形贮贝器，盖中央是一圆雕鎏金骑士，周围四牛，此表现的当是骑士牧牛（图52）。另一件是M10:28贮贝器盖，盖呈尖顶状，上饰圆雕持棍牧人一人，牧人背负斗笠，坐于顶部，其下是三头卧牛，表现的是一人牧牛的情景。除用圆雕表现外，还有图表现，如M12:2鼓形贮贝器胸部饰牧畜图（图53，图54：2），人物分为两行，上行是一人穿短袖衣，短裤，跣足，手持长杆，正在赶牛，前后有牛12头。下行是两人各牵马一匹，前后有马17匹。M12:1鼓形贮贝器（图55，图56：2），盖面饰牧畜图，内圈是三人赶六只山羊和三只犬，外圈是四人赶绵羊11只，猪八头。这些图都表现了滇人牧畜的情况。

表现出巡图见于M12:2鼓形贮贝器（图53，图54：3），图饰在腰部，图中有两人抬肩舆者四乘，抬肩舆者穿短衣，跣足，梳螺髻，当为男子；乘肩舆者，为妇女，梳银

图52 饰骑士牧牛场面贮贝器

图53 舞蹈、牧畜、出巡纹贮贝器

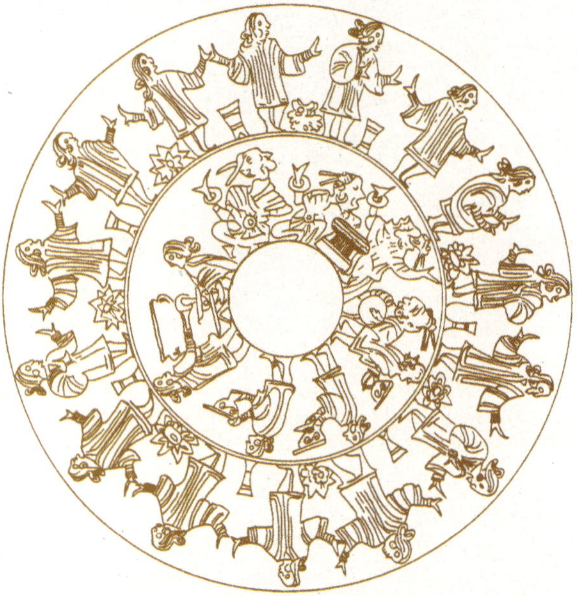

1

2

3

图54 舞蹈、牧畜、出巡纹

1.面部纹饰(修复图) 2.胴部纹饰拓片 3.腰部纹饰拓片

图55 入仓、牧畜纹鼓形贮贝器

1

2

图56 入仓、牧畜纹拓片
1.腰部纹饰 2.面部纹饰

锭式发髻，前后相随有持杖者、顶盛物筐者、扛锄者、空手随行者，并有大犬跟随。在行人的上空，有飞翔着的鸟。

表现入仓图见于M12:1鼓形贮贝器（图55，图56：1），图饰在腰部，有入仓图两幅，左右是用圆木构成的仓房，仓顶有立鸟三只，仓旁有一只母鸡领着一群小鸡，正在啄食地上的粮食。房右放有箩筐，运粮者分为上下两行，上行左边一人正从屯中取出粮来，传给其下的人，右边一人正在接取运来的粮筐，往仓中倾倒，中间者正用头顶粮筐往返于其间，这些

图 57　饰狩猎场面叠鼓形贮贝器

人头梳发髻，着短衣，跣足。由此可见当时滇人对粮食的保存方式，这种方法在今云南的少数民族中仍在使用。

表现舞蹈图见于M12∶2鼓形贮贝器（图54：1），盖面中央有一圆形小孔，孔周饰齿纹，其外饰人物图两圈，内圈有四人捧一高足有流器，一人正从釜中勺物入另一人所持器中，二人击打铜鼓，一人击钹，一人双手戴宽壁镯，正在作舞。外圈有舞蹈妇女15人。她们穿对襟长衣，梳银锭式发髻，耳上戴耳环，手上套镯，跣足，双手平伸，手掌张开作舞。在人之间有高杯、花髻。此种舞蹈不化装，以手式表现意图。

表现狩猎场面见于M71∶142叠鼓形贮贝器（图57），在鼓面饰圆雕三人、二马、二鹿、二犬、一兔、一狐。布局分为两组：一组是一人、一骑士和一犬追逐一鹿，人手持长矛欲刺鹿，骑士鎏金，左手握绳御马，右手持武器欲刺鹿；另一组是一骑士和一犬追逐一鹿，骑士左手握绳御马，右手持武器欲刺鹿。兔、狐为盖扣纽，对称位于两边。上鼓胴部刻飞翔的犀鸟11只，犀鸟头向均为向左；腰部刻饰猎鹿图四幅，每幅图间用竖几何条纹带分隔，按图逻辑内容分为两组，一组有两图，第一组第一图是一骑士左手握绳御马，右手持武器，昂首追逐一鹿，第二图是骑士俯身刺鹿，此组图表现的是骑士猎鹿的情景。第二组第一图是一人向左，右手持武器欲刺一鹿；第二图是一人向右而行，左手背拉着鹿，右手拿着武器，此组图表现的是人猎鹿和背鹿而归的情景。在每图下边饰卧鹿一只；脚边饰蛇噬蜈蚣、蜈蚣噬蛇，蛇噬鸟，犬追兔图四幅。下鼓胴部刻饰飞凤七只，凤头向右；腰刻饰图四幅，每幅用竖几何纹带隔开，第一幅是一虎与一牛相对而视，第二图是一似象兽自左向右而行，

图58 饰七牛贮贝器

第三图是虎猪相噬，一牛向右而行，第四图是一化装成虎的人在鹿中走，可能是在赶鹿，也是狩猎动作之一。每图下边饰圆雕卧牛一头，脚边饰走凤12只，其中一只口衔一蛇。此贮贝器上的圆雕场面和刻图生动地表现了滇人狩猎场面。

表现虎牛搏斗场面见于M71:133桶形贮贝器器盖，在器盖上饰圆雕二牛、一虎、二猴、二鸟和一树。其活动场面是：中央是一树，树枝上立二猴和二鸟，鸟展翅欲飞，猴紧抱树枝看着树下，树下一虎伏地，昂头张口吼叫，两侧各有一公牛摇角示威，其中一牛角穿挑虎左后胯。此表现的当是虎牛间生存相争的场面。器身腰部饰两虎耳，虎头向上，足也做成虎爪足。

饰圆雕牛的桶形贮贝器计有11件，其布局各异，如M1贮贝器，在器盖中央有1小铜鼓，其上饰一圆雕立牛，其下周围饰圆雕立牛六头。M18:2贮贝器盖形状呈尖斗笠形，其上饰圆雕立牛七头（图58）。其余贮贝器盖饰圆雕牛数量多少不一，有饰一牛者，有饰五牛者，有饰七牛者，有饰八牛者。

饰动物的贮贝器较多，如M1墓出土铜鼓形贮贝器在器身刻饰孔雀四只，足部饰圆雕张翅欲飞孔雀四只。桶形贮贝器腰间饰对称的虎耳，身饰线刻虎图两幅，上图饰向右跟随而行的虎两只，下图饰向左跟随而行的虎两只。M15:6鼓形贮贝器，其面周饰翔鹭四只。M71:142叠鼓形贮贝器，上鼓胸刻饰飞翔犀鸟，腰饰鹿，下鼓胸刻饰飞翔的凤，腰饰虎噬牛和圆雕立牛，脚饰走凤。有的鼓形贮贝器面上也饰翔鹭。

饰铜鼓贮贝器仅见于M7:17桶形贮贝器，盖中央饰一圆雕小铜鼓，既是装饰，又是盖的纽，颇具匠心。

除饰圆雕场面、人物图外，在贮贝器上还饰几何图案，这些图案有圆圈、齿纹、弦纹、斜线、漩纹、光芒纹等。如M15:6桶形贮贝器，在盖面上中央饰有16芒的光体，在芒间饰斜线纹，外饰齿纹。

从这些贮贝器上的装饰内容、装饰技艺可见滇人对贮贝器非常重视。贮贝器不仅表现了滇人精湛的制作技艺，还深深地蕴含着滇人的思想意识，在没有文字记载的情况下，只有通过这些，才能诠释滇人社会，但又怎样才能准确完整地诠释这些圆雕和图案的含意呢？

盛名的铜鼓与乐器

滇王及贵族墓随葬的青铜器乐器中，铜鼓是最负有盛名的器物，也是滇青铜文化中的代表性器物之一。它们既是滇人高超的青铜铸造技术的体现，又是滇文化的物质载体；既是乐器，又是重要的礼器。

铜鼓的起源与研究　研究认为铜鼓起源于铜釜，而铜釜又起源于陶釜。初期的铜鼓与铜釜相似，形制粗犷，器表大多为素面，腰间有耳，鼓面小于鼓胸，有的鼓面饰简单的纹饰——光体，鼓身内有网纹、鱼纹等。到了青铜时代鼎盛时期，铜鼓发展成为重要的礼乐器，因而，其上的纹饰、图案等也丰富起来，在其后的发展中不断被其他民族吸收和发展，到今天，铜鼓仍被使用，成为中国南方许多民族的一种特有文化现象。

铜鼓是以采矿、冶炼、铸造技术发展到一定水平为条件，社会发展到一定阶段的产物。进入青铜时代，滇人社会也进入了奴隶社会，君长及其统治阶级为了维护其统治，对内统一族人，对外进行防御和掠夺，就需要一种显示地位，并有号召性的器物，体形和音量大的铜鼓就自然发展成为了这种器物，铜鼓上的纹饰就成了当时社会生活的记录。

滇王及贵族墓中，有9座墓随葬铜鼓计16面，其中有13面纹饰大体相同。M3:3铜鼓，高32厘米、面径40.6厘米、足径51厘米。鼓面中央饰十芒太阳纹，芒间饰三角纹，周饰弦线和圆圈纹，其外中部饰翔鹭四只，外饰齿纹、圆圈、弦线。鼓胸（胴）部上饰齿纹和弦线，下饰船纹四组。腰与胸间饰绳纹耳。腰部饰齿纹和弦纹。M14:1铜鼓（图59，图60－1），高31厘米，鼓面直径41厘米。鼓面中央饰十角光芒，芒间饰三角纹，其外饰圆圈、四翔鹭、齿纹等。胸部上部饰齿纹、圆圈纹，下部饰羽人划船图案四组。胸与腰的接合处饰对称的绳辫耳四只。腰部饰羽状武士八组，他们均握盾持剑。足部也饰齿纹和圆圈纹。M1墓出土铜鼓两面（图60－2），而且两面对扣在一起，里面装满了贝，但上鼓仅存面，唯下鼓保存较好。鼓通高23厘米，鼓面直径40厘米。鼓面小于胸，中央饰九芒，周饰翔鹭四只，其间饰小鸟四只。胸的下部饰船纹4条，船内有羽人，两船首尾各立一水鸟。腰的上部饰船纹，船内有羽人两个或水鸟两只，在一组两船间饰牛，牛背立一鸟，另一组两船间饰一歌舞羽人。M10:3铜鼓略有不同（图61），

图59 铜鼓

图 60–1　兵舞纹铜鼓

图 60–2　船纹铜鼓

图61 饰蛙铜鼓

高仅19厘米，鼓面直径21.1厘米。鼓面中央饰八光芒，芒间饰三角纹，其外饰圆圈纹、齿纹、漩纹，边饰圆雕对称的立蛙四只。胸部饰圆圈纹和船纹。腰部竖分为八格，其内为素面，足部饰圆圈纹。铜鼓在同类文化遗存的江川李家山墓也有出土，有的也很有趣。

铜鼓是许多学者研究的有趣对象。1902年，黑格尔在他的《东南亚古代金属鼓》中，首次将石寨山型的这种铜鼓分类为Ⅰ型鼓。此后，冯汉骥、汪宁生、李伟卿、李昆声、童恩正等学者都对石寨山铜鼓做过定名。1988年，中国古代铜鼓研究会采用地名命名法，正式把石寨山出土的铜鼓定名为石寨山型铜鼓。石寨山型铜鼓具有面径大于腰径；胸部特别大，最大径偏上；腰部呈梯形；足部短，足沿无折边；体形小而高等特点。多数高为宽的70%左右；胸腰间有两对辫纹耳；纹饰有写实性纹样和几何纹样，并呈格式化。写实性纹样有翔鹭、孔雀、鸳鸯、水鸟、鱼、蜥蜴、舞人、牛、马、羊、虎、猴、船纹和划船者、放牧者、骑士、武士和人物活动等。几何性纹样有太阳纹、弦纹、点线纹、齿纹、圆圈纹等。写实性纹样饰在鼓面、鼓胸、鼓腰的主晕处。几何纹在鼓面边沿、鼓胸上部、鼓腰的分格和格的下边。这些特点使石寨山型铜鼓成为滇青铜文化中最具代表性的器物之一。

一般认为，石寨山型铜鼓的发展分为三个阶段。早期以曲靖八塔台M1:1鼓为代表。鼓身矮宽，鼓面中心饰太阳纹，太阳纹有光体和27芒。周饰蜥蜴4只，其爬行方向均为顺时针方向。腰有丛线平分腰面成竖格，格内有纹饰，格底边饰几何纹、斜线纹、雷纹、圆圈纹等。其年代为战国时期。中期铜鼓以石寨山M3:3，M11:1、M11:2，M13:2、M13:3，M14:1、M14:18，M16:1、M16:3，M17:4鼓为代表，其特点是内容丰富，造型稳定，纹饰华丽，鼓身增高，其年代为战国晚期至西汉早期。晚期以石寨山M1:1A、M1:1B、M6:2、M6:120鼓为代表，鼓身瘦高，纹饰图案华丽，年代为西汉中期至东汉初期。

石寨山型铜鼓在广西贵县、西宁县，四川会理，贵州赫章和云南广南、云县等地也有发现，这些发现反映了滇青铜文化对这些地区的影响和铜鼓的传播。

铜鼓上的纹饰与图案 铜鼓上的纹饰和装饰图案具有很高的艺术水平。纹饰布局和图案讲究统一，并形成一定的格式，如鼓面中央饰太阳纹，周饰晕圈，晕间饰翔鹭等动物，边饰点、线、圆圈、齿纹等几何图案，或饰圆雕蛙。胴部（胸部）饰船纹，上下边饰几何图案。腰部饰舞蹈、祭祀、剽牛、羽人行船等叙事性图画。纹饰的装饰性较强，如弦纹由单线或双线、阳线或阴线构成，主要用来分晕。云纹旋转成方形，饰在铜鼓的底边。齿纹饰晕间、底边或顶边。圆圈纹既有单个，又有多个套叠，饰于晕间。点线纹饰于晕间。斜线饰于鼓面边部、鼓脚底的晕间。这些纹饰虽是简单的几何形图案，但组合起来并装饰于铜鼓上，显示出很高的观赏性。装饰的表现手法也是多种多样，有的用阳线表现，有的用阴线表现，有的用圆雕表现，有的阳线、阴线、圆雕兼用，如M10:3鼓，鼓面边上饰圆雕蛙四只，鼓面及鼓身饰阳线和阴线图案（图61）。

铜鼓上的装饰和图案蕴含着深厚的悠久的文化信息。太阳纹饰在铜鼓鼓面中央，光体有的凸起，有的为线图，光芒多少不一，如M10:3为八芒。这种太阳纹反映了滇人对太阳的崇拜。崇拜太阳是地球上许多民族中存在的一种现象。在我国，商代的甲骨文中就有殷人对太阳朝夕礼拜和占卜的记载，周代文献中也有祭日的记载，封建社会，祭日更甚。从原始社会到封建社会，崇拜太阳的观念日增，祭祀太阳的活动经久不衰。滇人把太阳纹饰在铜鼓鼓面上，一是表现了滇人对太阳的崇拜，二是反映了在滇人中存在祭祀太阳的活动。

翔鹭纹饰于鼓面，围着太阳，一般为四只，如M3:3铜鼓，鼓面的太阳纹周边饰有4只翔鹭，翔鹭飞翔方向为逆时针方向，有的鼓胴部也饰翔鹭。马端临《文献通考》卷一三六曰："鲁颂'振振鹭，鹭于下，鼓咽咽，醉言舞'，古之君子仕于伶官，伤颂声之不作，故饰鼓以鹭，欲其流风存焉。"文引自《诗经》，由此而知，在鼓上饰鹭，在秦代以前就已经存在。《隋书·音乐志》说鼓上饰鹭的原因有三：一是有人说鹭是鹄，其声音大，传得远，故取其声。二是有人说鹭是鼓的精灵。越王勾践曾击大鼓于雷门，以压住吴国军队的士气。三是有人说这是让人们永记奴隶制的等级观念，像鹭鸟一样守秩序。中原地区在皮鼓上饰鹭，也许这三种原因都存在。而滇人是在铜鼓鼓面上饰翔鹭，这既是一种创造，也是一种继承，反映了滇青铜文化与汉文化的相承性。又有研究认为滇人铜鼓上的翔鹭与神鸟运日的传说有关。翔鹭即犀鸟，犀鸟古代称为鸩鸟，鸩是通神的媒使。《离骚》曰："吾令鸩为媒兮，鸩告余以不好"，这反映了战国时期人们对犀鸟的观念。铜鼓面上的四鸟与太阳纹，即是四鸟运日。今生活在云南西南部德宏一带的景颇族，每当举行一年一度的祭祀时，总要跳鼓舞，领舞者，头戴装饰有犀鸟巨喙和羽毛的犀鸟冠，传说这种舞蹈是景颇族英雄宁贯娃从太阳国学会带来，围成圆圈而舞是仿百鸟朝日的舞蹈。从四鸟运日到百鸟朝日，其文化是一脉相承。

蛙饰于鼓面边缘处，如M10:3鼓，鼓面上的边缘处饰有4只圆雕蛙（图61），蛙均呈蹲伏状，其爬行方向为顺时针方向，与鹭的方向相反。滇人在铜鼓上饰蛙，当与祭祀有关，《后汉书·礼仪志》载有行雩礼求雨，即在社池中置蛙以祭之。近代广西东兰等县有"埋蛙婆"祈丰收的习俗。与云南相邻的缅甸克钦族求雨时，不仅击铜，还唱道："蛙鸣咯咯雨水落，雨水落时鱼欢跃，鱼欢跃时河水涨……，木漂浮时国富饶。"这些记载和习俗说明从古代到近代，人们均把蛙与雨和丰收相联，视蛙为雨神，故祭之，这是古代人们对物候的认识。随着时代的变迁，又赋予新的内涵，云南的佤族称铜鼓叫蛙鼓，认为铜鼓上饰蛙是为了纪念自己的祖先。而在汉族的一些文献中，则把蛙称为蟾蜍，认为嫦娥奔月化为蟾蜍，蟾蜍是月精，铜鼓上饰蟾蜍是为了与鼓面上的太阳相配，表示阴阳调和，日月交辉。滇人在鼓上饰蛙，祭祀用铜鼓，除具有装饰之外，其更重要的是反映了滇人敬蛙，视蛙为雨神的观念。

铜鼓上的叙事性图画有表现以船为工具的活动内容，如渔船、交通船、祭祀船、舞蹈船等。M1墓出土的铜鼓，胸部饰行船四条，船平底，首尾翘扬，内乘三至四人，船首立水鸟，船外有一木板，供水鸟蹲立，每船有水鸟两只。在鼓的腰部饰船4条，每只船内相背而坐两人，一船内无人，而立水鸟两只。由水鸟而知，这种船是用水鸟捕鱼之船。在船间饰牛、舞人，此当是从远处眺望所见之景象，人、牛在岸上走，船在水中行（图60－2）。M3:3鼓，胸部饰船纹四条，船窄而长，底平而直，两端略翘，内乘2人，做划桨状。此类船船上无鸟，水中无鱼，是交通船。类似的船纹还见于M11:1铜鼓。M14:1铜鼓（图60－1），胸部饰船纹四条，船首饰鸟首纹，内乘四人，前一人持三角形物，中二人头饰长羽冠，持长矛，后一人持长撑杆，由船内人物所持武器看，这是战船，船小而轻，加之用撑杆，速度快捷。在出土的一件铜鼓残片上可见船前有一人向后而立，扬手而呼，船中有人五排，每排两人，他们手持短桨，做划船状，桨叶呈长方形，水中有鸟，由此观之，此是竞渡船，表现的是竞渡。M11:2铜鼓胸部所饰船纹又略有不同，其船内人物饰羽冠，手持羽桨，此类船纹与今天云南傣族一年一度的龙舟竞渡船相似，可见其源远流长。M13:3铜鼓，其胸部所饰船纹上可见船前有三鱼一虾，在船首有两人吹葫芦笙，中部有三人伸手作舞，一人击钹，这是歌舞船。从铜鼓上所饰船纹内容看，滇人的船是用人力为动力，操纵桨、撑杆使船而行，可谓功能齐全。由这些船纹而知，当时滇池中，船是运输工具，以船为交通内容的活动较为频繁。

铜鼓上的叙事性图画还表现了羽舞、人舞、兵舞、万舞、旄舞等乐舞内容。羽舞即舞人饰羽，持羽而舞。人舞即舞人以手的姿态为舞，如M1:1铜鼓腰部所饰之舞人和M13:3铜鼓所饰船纹内之舞人也均是人舞。M13:3铜鼓上所饰舞者头饰双角，似月牙，尤为突出。兵舞即舞者持兵器（又称干）盾、矛、钺、戚、剑等而舞。M14:1铜鼓（图60－1），腰饰舞图六幅，舞者头饰高冠，腰穿前短后长的舞裙，左手持盾，右手持钺，或持矛，或持斧等兵器而舞。兵舞气势壮观，具有习武、锻炼身体和鼓舞士气的功效。万舞即集羽舞和兵舞为一体的舞蹈。旄舞即舞者持牦牛尾而舞，见于石寨山型的开化鼓上。

《周礼·春官·乐师》载："凡舞……有羽舞，有皇舞，有旄舞，有干舞，有人舞"，郑玄注："羽舞者析羽，旄舞者牦牛之尾，干舞者兵舞，人舞者手舞。"《毛传》载："以干羽为万舞。"《周礼·地官·舞师》载："舞师：掌教兵舞，帅而舞山川之祭祀；教帗舞，帅而舞社稷之祭祀；教羽舞，帅而舞四方之祭祀。"同书郑玄注：人舞以手袖为威仪，用于祭祀宗庙。《诗经·鲁颂·閟宫》载："万舞洋洋，孝孙有庆"，难怪有研究者认为滇人铜鼓上所表现的这些舞蹈颇有文献中记载的商周舞蹈遗风。兵舞也用于祭祀山川，羽舞用于祭祀四方，人舞用于祭祀宗庙，万舞用于庆典，祭祀时跳这些舞蹈均与娱神有关，这当是汉文化对滇文化的影响所致，而滇人也较崇尚汉文化。

铜鼓的用途 据出土文物和文献记载推知，滇人的铜鼓用途主要有四个方面，首先是作权力的标志。《隋书·地理志》载："自岭以南……并铸铜为大鼓，有鼓者号为都老，群情推服。"《明史·刘显传》载："得鼓二三，便可僭号称王。"清朱国桢《涌幢小品》载："藏鼓二三面，即可僭号称寨主矣。"在隋代、明代和清代，有铜鼓就可称王。在青铜时代，出铜鼓者，仅见于其中大墓，在石寨山仅见于滇王族墓葬中出铜鼓，这说明，铜鼓只属君长头人所有，铜鼓是权力的象征，因此君长头人视死如生，死后也希望继续占有铜鼓，并把铜鼓随葬。在君权神授观念占主导地位的青铜时代，还视铜鼓具有通神的作用，因此在各种祭祀场合均有铜鼓出现。当头人、君长举行结盟或重要仪式时，把铜鼓陈列于重要的位置，以显示自己的权力和地位，如M12∶26贮贝器，其上所饰人物活动场面中，在主人所坐的一边陈列有一排铜鼓，计有17面，这就说明了墓主人的地位。当君长为铜鼓举行祭祀时，把铜鼓置于中央，并重叠垒放，以表示对其崇拜，如M20∶1贮贝器上所饰人物活动场面，中央置三只叠放的铜鼓，表现的当是对其进行祭祀。当君长举行某种祭祀时，也用铜鼓作礼乐器，如M1∶4鼓形贮贝器上所饰人物活动场面中，中央是一高柱，两边各置一大铜鼓。铜鼓作为礼器，其数量与大小、装饰纹样等是否与君长或头人的地位和级别有关，目前尚不得而知。但铜鼓只出土于滇王及贵族墓中，即大型墓中，而一般的墓中不出铜鼓，这说明拥用铜鼓的只是滇王及贵族。在现代少数民族中，仍可见到以铜鼓作为权力和财富象征的遗风。20世纪50年代以前，在云南佤族中，富人珠米与别人吵架时，便搬出铜鼓来敲，边敲边骂道："我有铜鼓，你还敢骂我！"有的还叫喊："你这穷鬼吵什么？我样样都有，牛有，枪有，粮食有，铜鼓有，你什么都没有，还吵什么？"这种用铜鼓来压人的现象，反映了铜鼓的作用。现代如此，青铜时代的滇人，可能更是如此。

其次铜鼓是作乐器。铜鼓自它产生以来，作为乐器当是它的主要功能。经对铜鼓的声律研究表明，此时的铜鼓也具备乐器和声的功能，能与出土的其他乐器相配，经选择了4个铜鼓测定，其结果认为"其总的倾向还是以三分损益占主导地位。铜鼓既可与各种乐器合奏，也可为歌舞伴奏。其配器形式，可用单鼓、双鼓，也可用大小四鼓与其他乐器合奏，如铜鼓与錞于，或铜鼓与编钟、葫芦笙，或铜鼓与编钟，或大小铜鼓与编钟、锣、皮鼓、笛，或铜鼓与葫芦笙等乐器在一起为歌舞伴奏……而现存的云南民间音乐，尽管它历尽沧桑，经过了民族的分化、融合、迁徙，已与古代有了相当大的差异，但这两种音阶（注：一是滇人音阶，一为昆明人音阶）形式均延续至今。由此可见，今天云南某些少数民族歌舞音乐存在的调式主音上方三度音偏低的现象，就不是偶然的了"。铜鼓作乐器，在出土文物中也有表现，如M12:26贮贝器所饰人物活动场面中，可见把铜鼓悬于架上，一人正一手击鼓，一手击于。M12:2鼓形贮贝器上所饰人物活动场面图案中，在内圈人物中，把一铜鼓平置于地上，其旁有二人用手边击边唱。M16出土铜鼓三面，笙三个，这当是三鼓与三笙相配使用。文物表现的铜鼓使用方法说明，铜鼓作为乐器，或平置于地上，或悬于架上，击其面部，作为伴奏用。

第三是贮贝用。在滇王及贵族墓中出土的铜鼓内多装有贝，如第二次发掘出土15面铜鼓中，其中有9件倒置内装满贝。此现象说明，墓主人生前也用铜鼓来贮贝，死后，就用来随葬。用铜鼓作盛器时，面向下，口向上。M1墓出土的两鼓，两鼓对合，内装满了贝。

第四是作集众之号。《太平御览》引晋裴渊《广州记》说俚僚铜鼓"欲相攻击，鸣此鼓集众，到者如云"，《明史·刘显传》载四川南部九丛山都掌蛮"击鼓山巅，群蛮毕集"，檀萃《滇海虞衡志·志器》载"会集击之，声闻百里以传信"。此记载说的是用铜鼓之音作为集合乡民的约定之号。在青铜时代，也当有此用法。君长拥有铜鼓，当对外进行防御或进攻、举行内部集会时，为召乡民前来集合就击铜鼓。

总之，铜鼓的研究仍在进行，铜鼓所载的滇人文化信息将随着研究的深入而一一被发现。

其他乐器　在出土的乐器中，编钟、铜笙、铜锣等也较有特点。

编钟也是滇人的一种打击乐器，石寨山只在滇王墓（M6）发现一套（图62），有6件，并有钟座，大者高40.3厘米，小者高29厘米，形状呈椭圆桶形，平口，顶有环状纽以供悬挂用，钟身两面各饰龙纹4条，口沿饰漩纹和辫纹。类似的编钟在同类遗存江川李家山M51墓也发现一套。这种编钟形状属于中国的合瓦形编钟体系。

铜锣也是滇人的一种打击乐器，仅出土一件（M12:1），出土时置于一个铜鼓形贮贝器上，其形状呈锅状（图63），直径52.5厘米，内面为素面。外表中央作八角芒纹，芒间饰三角形纹，其周饰舞蹈羽人，舞者计23人，领舞者，头饰长羽，右手按剑，左手前摆，穿长衣，其后随者，皆饰高羽冠，腰饰前短后长曳地的舞裙，前14人左手持似蕉叶的长羽，后8人右手持似蕉叶的长羽，空手皆作翔鹭姿势，因此又称此舞为翔鹭舞。边饰齿纹和漩纹，在其边缘的一侧有一环状耳，据其中央的芒纹和边缘上的耳，知此当是打击乐器铜锣。类似的乐器在广西贵县罗泊湾汉墓中也出土一件，但比石寨山铜锣小。

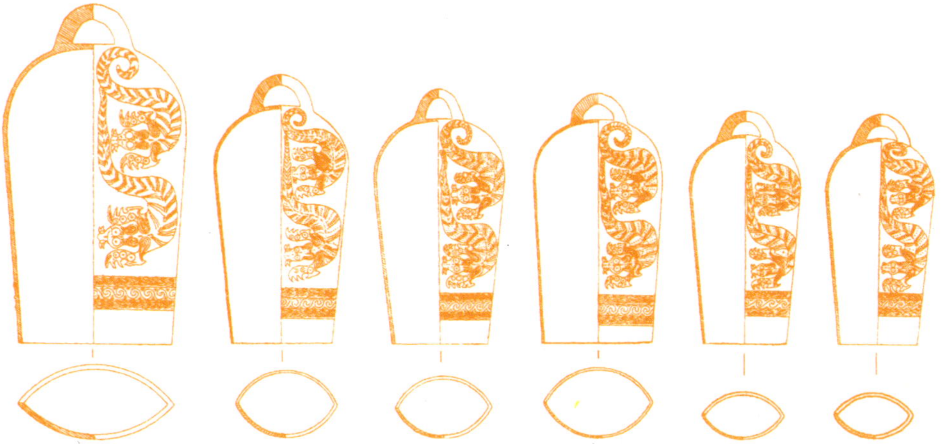

图62　编钟（修复 M6:114—M6:119）

图63　羽舞纹锣

笙是滇人的一种吹奏乐器，质地有青铜笙，实际生活中还可能有植物葫芦笙。在滇王及贵族墓地中不仅出土了六件这种乐器，还出土了表现演奏这种乐器的铜俑。由出土的笙看，滇人使用的笙分为曲管笙和直管笙，也有人把这种笙称为葫芦笙。曲管笙即吹管呈曲状，如M16:4笙，在笙体上有七个孔，表明原物是插有七根管，可能是竹管，而管无存。直管笙即吹管呈直状，如M17:9笙，长60厘米，形状呈长勺状，管背有六孔，一端饰圆雕牛和虎，一端为笙体，笙体呈球状，正面有一大圆孔，当是插管用的。从出土的乐舞文物而知笙的演奏方法是直管笙为横吹，曲管笙为直吹。这类乐器在同类遗存的江川李家山和羊甫头也有出土。

据同类遗存出土的文物而知，滇人使用的乐器还有箫和铜铃。由石寨山出土的乐舞文物而知，打击乐器还有钹和𬭚于。

由滇王及贵族墓中出土的铜鼓和其他乐器以及表现滇人乐舞的器物可见滇人不仅喜爱音乐，而且能歌善舞。音乐和舞蹈也成为滇文化重要的组成部分。这些青铜时代的舞蹈有的至今仍在民间流行，成为这些民族节庆保留的传统节目，可见这些舞蹈源远流长。

美丽的扣饰

在滇王及贵族墓中出土的青铜器中，扣饰是数量多而又美丽的一类器物，也是滇青铜文化中最具特点的器物之一。这类器物皆因背有一个钩状扣，知其是一种饰件，故名为扣饰，也有学者称为牌饰和腰扣等。

在已发掘的滇王及贵族墓葬中，可确定出土扣饰的墓有23座，出土各类扣饰191件，不明墓葬出土的扣饰有20件，另有89件牛头饰件。出土10件以上扣饰的墓有6座（表3），一般小墓无扣饰出土，这些考古发掘情况说明，在滇王国中，能够配戴扣饰的只是滇人中的上层人物，能拥有大量扣饰的是滇王及贵族。

石寨山出土的这些扣饰，按形状分为圆形、长方形和自然形三大类。

圆形扣饰　形状像铜镜，但大小各异，直径7～20厘米不等，是扣饰中数量最多的一类。按制作工艺的特点，这些扣饰又分为素面形、图案形、嵌宝石形、浮雕嵌宝石形、镂雕嵌宝石形等。素面形扣饰正面凸起，光滑无纹饰，中央凸起一尖，背面内凹。图案形扣饰背面内凹，正面凸起，饰有人物或几何图案，这种图案是铸成，如M7：87扣饰，直径有8.2厘米，面饰卷云纹。贴嵌宝石形扣饰的形状正好与素面和图案形扣饰相反，扣饰的背面凸起，扣饰的正面内凹，面上有的嵌绿松石小圆片；有的嵌孔雀石小圆片；有的在中央嵌一玛瑙大圆扣；有的刻意在中心嵌红色或白色的玛瑙，周围嵌绿松石小圆片，使之形成色彩对比，产生色彩相互辉映的状态；有的还在中央用漆绘以朱色或黑色光芒。如M15：17扣饰，面饰卷云纹，其间嵌绿松石小圆片和白色玛瑙圆扣八枚（缺四枚），中央嵌玉环，中心嵌白色大玛瑙（图64）。浮雕型扣饰的正面中心饰一浮雕动物，周嵌绿松石小圆片。如M13：137扣饰，中央饰一浮雕孔雀，周贴以绿松石

表3　滇王及贵族墓出土青铜扣饰统计表

墓号	圆形		长方形		自然形		总数
	图案	贴嵌宝石	图案	贴嵌宝石	圆雕	浮雕	
S2M3	1	1			1	11	15
S2M4		4	1	1		3	9
S2M5		1					1
S2M6	1	9	2	2	1	8	23
S2M7	2	1				6	9
S2M10		5	1			2	8
S2M12		5				5	10
S2M13	2	35	2	3	1	20	63
S2M15		1					1
S2M16		4	4	2			10
S2M17						1	1
S2M19		3					3
S2M21		5	2			1	8
S2M22		7	1	1		1	10
S2M35		2					2
S2M36		1		0			1
S2M37		2	1				3
S2M40		2	1				3
S2M41		1					1
S2M43		3	1				4
S2M44		1					1
S2M71		1				3	4
S2M82	1						1
S1甲T02(探方)		6		4			10
S2T01 (探方)	1					1	2
S2T02 (探方)	1						1
S2T03 (探方)						1	1
S2T05 (探方)	1					1	2
S2T06 (探方)	2	1				1	4
合　计	12	101	17	13	3	65	211

注：S表示石寨山，其后数字为发掘的秩序；M表示墓葬，其后数字为编号；
T表示探方，其后数字为编号。

小圆片。M13:234扣饰，中央饰一浮雕牛头，周贴绿松石小圆片。镂雕型扣饰的特点在于边上饰有一圈镂雕动物，有的扣饰还鎏金，如石寨山M13:66、M6:16、M6:129、M10:9、M13:62A、M13:62B、M13:265、M71:100等扣饰，扣饰的边饰镂雕猴一圈，扣饰中央嵌一大红玛瑙扣，玛瑙扣周围嵌绿松石小圆片（图65）。M3:66、M4:18、M6:129、M7:35、M10:32、M13:39（2件）等扣饰，扣饰边饰镂雕牛，多者达12头，牛的头均顺时针方向，一头跟着一头，扣饰中央嵌一圆形玛瑙扣，周贴绿松石小圆片。这类嵌宝石的扣饰制作特别精致，色彩反差突

图64　嵌绿松石玛瑙玉环圆扣饰

图65　鎏金猴边圆扣饰

出，色调鲜明，而且不会褪色，饰腰间，格外美丽。

长方形扣饰　形状呈长方形，背同圆形扣饰一样，也有一矩形钩，长8～15.2厘米，宽4～11.3厘米。长方形扣饰出土数量较少。按制作工艺，也分为图案型、嵌宝石型、镂雕嵌宝石型。图案型扣饰中央有一横脊，边饰云纹、连弧纹、三角齿纹。如M6:16扣饰，长14.7厘米、高9.6厘米，中央凸起一横脊，边饰连弧回漩纹、三角曲线和圆点纹。嵌宝石型扣饰，中央嵌绿松石小圆片和玛瑙扣，边饰回漩纹。如M4:12扣饰，长11.8厘米、高6.5厘米，中央嵌玛瑙扣5个，边饰回漩纹。M13:272扣饰中央为一横脊，周贴绿松石小圆片，边饰回漩纹。浮雕嵌宝石型扣饰中央嵌宝石，边饰浮雕动物。如M6:16、M6:111扣饰，中央嵌玉管，玉管周围嵌绿松石小圆片，边饰猴。M16:13两件扣饰，中央是嵌玛瑙，管，周贴绿松石圆片，边饰浮雕猴。M13:193扣饰，中央嵌玉管6根，周嵌绿松石小圆片，边饰不明动物，有研究认为是怪兽。M13:157扣饰，中央是两个长方形格，每格中横嵌玉管3根，周围嵌绿松石小圆片，边饰狐狸（图66）。M22:67扣饰，中央贴绿松石小圆片，上、左、右饰鹦鹉，下饰回漩纹。

自然形扣饰　这种扣饰形状以所表现的题材而成，故名为自然形扣饰，也有研究者称为不规则形扣饰。此类扣饰出土数量仅次于圆形扣饰。自然形扣饰的背面也有一扣钩。正面为镂雕、浮雕或圆雕人物或动物，有的还在动物的眼、身上嵌上宝石，加以装饰。在艺术表现思想上，采用了回旋的构思意图，巧妙地使用动物或人物的头向，用上部朝前，下部朝后，形成回旋，使无边的扣饰看去似有一无形的中心。扣饰还使用了夸张的手法，以增加所表现内容的气氛。有的扣饰采用了立体布局，纵横兼顾的方法，生动地表现了滇人当时的生活面貌和自然面貌，加之人、物的比例准确，使人看去，栩栩如生。此类扣饰所含文化信息多，表现内容丰富，涉及滇人社会的各个方面，概括起来，主要有以下一些内容。

表现生活。如M3:64屋宇扣饰（图67），是一件圆雕扣饰，钩扣在正背面，长12厘米，宽7厘米，高9厘米。房屋是二层楼的杆栏式房屋，屋顶采用木椽交叉排列而成，楼屋正面有一门，其内有一人，门前置铜鼓一个，鼓旁卧犬一只。楼屋两端各有一柱，柱上挂有牛头。楼屋前、左、右是走廊，走廊有栏板，栏板顶上置有猪腿、牛腿。走廊

图 66　狐边长方形扣饰

图 67　屋宇扣饰

右后方有五人列坐，其前有一案，案上置有食品，案前是四人在歌舞，旁是三人在击鼓伴奏。这组人物表现的是在观歌舞。走廊后左方跪坐五人，其前置炊具，对面有八人，其中一人在吹笙，这组人物表现的是围在火塘周围且乐且闲谈的情景。楼下正中，一梯子达至屋檐，梯左有一人在生火，一人双手捧物，二人跪坐，楼左有马两匹，猪一头，柱上拴一马，地上卧一人，楼右有牛两头。M6:22扣饰（图68），长12.5厘米、宽7.5厘米、高11.5厘米。形状与上例相同。楼屋的左、右均有窗，正面是一门，门内可见一人。走廊栏板的侧面饰三角纹，正面栏板顶上置有鸡、牛头、猪腿，走廊右后跪坐三人，立者二人，门右立一人，抚案而坐一人，门前置一铜鼓，鼓前卧一犬，犬右跪坐一人，走廊左后跪坐吹笙者一人，跪坐者一人，并有铜鼓三个。楼正中有一梯，梯上饰一蛇。梯右有五牛，梯左跪坐一人，生火者一人，一人正在釜中拌物。其后有马、犬、羊、猪等。M13:259扣饰，较为特殊，主楼前有两耳房，左耳房结构与主楼相似，但座向相反，无走廊。右耳房与主楼座向相同，为前后布局的两幢小房，但结构与主楼不同。在主楼楼屋内坐有一人，走廊上有28人，其中有乐舞者、跪坐者、持物者、饮食者。走廊正中有梯。楼屋下及前有牛、马、猪、犬等。这三件扣饰是采用圆雕技法制成。据人

图68 屋宇扣饰

物活动看，楼屋的梯子在走廊正中，那么楼屋正中的当是门，而不是窗，内坐者当是墓主人。走廊上有炊煮者、乐舞者，楼屋下有饲养的家畜，并有牧人及家人活动情景，表现的当是死者生前的生活情景。这种扣饰当是希望死者能像生前一样生活。从这几件扣饰可见滇人生活的一大特点是喜居杆栏房屋，并饲养家畜。但也有学者研究认为，这三件扣饰表现的内容是“孕育”祭祀活动。

表现缚牛。如M6:30扣饰（图69），中央是一牛，其头朝右，两人按其背，后一人拉牛尾，一人抱绳，前一人持绳拴牛于前面的柱上。M13:262扣饰，表现的是九人缚牛。M13:46扣饰，表现的是五人缚牛。扣饰的柱有一盖状顶，顶上盘有一蛇，这种柱与祭祀场面贮贝器上的柱相同，研究认为此类扣饰表现的内容是祭祀剽牛的情景，即把牛缚于柱上，再剽杀，而剽牛当是进行祭祀。M71:90-1鎏金扣饰，表现的只是缚牛，中央是一牛，牛后一人按牛腰，牛前一人右手按牛肩，左手拉绳，绳系于牛角根。扣饰的底边是一蛇。由此扣饰而知，此时，滇人缚牛只会系牛头。

表现斗牛。如M3:140扣饰（图70），形状呈一段门楼，上层踞坐十人。中层门两边各踞坐四人。门顶上坐一人，此人双手握门开关。下层中间是一刚开的门，一牛从门内出来。门左边蹲五人，右蹲四人，作欲斗牛状。相似的扣饰还有M6:41和M7:33扣饰，仅是人数有变化。研究认为，这三件扣饰表现的内容均是斗牛的情景。

表现乐舞。如M13:65鎏金扣饰（图71），是一件浮雕乐舞扣饰，共有八人，分两行，上行的四人，她们头戴平帽，帽后有飘带，发分两束，飘于胸前，耳饰大耳环，手套圆镯，腰束带，腹饰圆形扣饰，作歌舞状。下行四人，从右起，第一、二人和第四人吹葫芦笙，第三人击錞于。M13:64鎏金扣饰，表现的是四人歌舞，她们头戴长尖帽，穿短衣，跣足，手套圆镯，饰耳环，腰间佩剑，右手摇铃，这种舞蹈当是铃舞。M13:38鎏金扣饰，表现的是二人舞，二者着紧身衣裤，头饰发髻，腰佩长剑，臂长伸，手握圆盘，踏于蛇身上，张口尽情地舞，这种舞蹈当是钹舞。其舞图像也见于其后的山东沂南画像墓和四川画像砖，虽舞姿和钹数略有不同，但似反映了二者间的联系。

表现俘获。如M13:109鎏金扣饰，右前是一头戴圆盔的武士，穿高领衣服，左手提着人头一个，右手拉着一根绳子，绳子拴着一背负小孩的妇女，其后跟着一牛二羊，最后是一武士，他左手也提着一个人头，右手握着扛于肩上的武器。这件扣饰表现的内容是战争俘获归来的情景（图72）。

表现骑士。如M7:34骑士扣饰，骑士头戴圆帽，穿短衣裤，披甲，跣足，双手拉缰绳，御马前行（图73）。M12:155骑士扣饰，骑士包头，穿长衣，跣足，腰间佩剑，正右手扬鞭，左手拉缰绳，御马而行，其下有一蛇，蛇噬马的前足。M6:13骑士扣饰，骑士梳发髻，穿高领衣饰，左手拉缰绳，正御马急驶，并且右手握兵器，举扬欲投刺。M13:274骑士扣饰，骑士戴头盔，披肩甲，穿圆领短衣，跣足，腰间佩剑，腹饰圆形扣饰，左手拉缰绳，右手举兵器欲刺，马前一人倒于地，其下是蛇两条，一蛇咬人足，一蛇咬马后足。类似的扣饰还有M3:69、M4:13、M6:8、M6:13等。此类扣饰表现的内容是骑士行进或战斗的情景。

表现牵牛。如M22:41扣饰，表现的是一人牵着一头牛的情景。

表现狩猎。如M13:162扣饰，表现的是一身穿对开短衣、跣足、佩短剑的骑士，左

图69　缚牛扣饰

图 70 斗牛扣饰

图 71 鎏金乐舞扣饰

图 72　鎏金俘获扣饰

图 73　骑士扣饰

手拉缰绳，右手举扬猎器（缺），欲刺鹿，鹿在右前方狂逃，其下一蛇咬马尾。M7:30扣饰，是一着短衣短裤、跣足的人左手抱鹿头，右手举剑欲刺，鹿前后足跪地，扬尾张口，作挣扎状。类似的扣饰还有M3:69、M6:14、M13:163等。这几件扣饰是表现滇人猎鹿时的情景。M17:14扣饰，中央是一虎，前一人被虎撞倒于地，一人被虎噬断了颈，后六人持长矛刺于虎，二犬噬虎背，这些猎手们均穿对开衣，跣足，梳发髻，戴耳环。扣饰表现了滇人敢于猎虎的勇气，但不免有被虎噬伤或噬死的时候。M13:191鎏金扣饰，表现的是一骑士正御马举矛欲刺前狂奔的猪，旁有一犬也追逐于后，扣饰表现的是猎猪情景。从狩猎扣饰可见滇人狩猎的动物有鹿、猪、虎、狮，在猎猪、虎、狮时，虽有生命危险，但滇人也勇于猎捕。

表现虎噬动物的情景。如M3:67扣饰，中央是一狂逃的猪，一虎扑于猪背，前爪抓猪肩和猪腹，后爪抓猪的后腿，张口欲噬，一虎被猪撞倒并践于腹下，但仍口噬猪胯，足抓猪腹和猪腿，尾被猪噬住，其下一蛇咬虎尾，真是惊险至极。类似的扣饰还有M7:31。扣饰表现了虎噬猪的情景。M10:5扣饰，中间一虎被牛撞倒于地，腰被牛角刺穿，肠从背部溢出，但虎仍口噬牛右前足，爪抓牛腹，其下是一蛇，蛇咬牛的后足，尾缠虎后足。类似的扣饰还有M3:67扣饰。这两件扣饰表现的内容是一虎噬一牛和牛反抗拼搏的情景，扣饰表现了牛的勇气和虎的凶残。M13:260扣饰，中央是一牛，一虎扑于牛背，噬牛颈，另一虎倒于牛前，并被牛角刺伤，一猴抱牛后足，其下有一蛇，口噬一虎尾，身缠另一虎尾。这件扣饰表现的内容是二虎噬牛的情景。M12:38扣饰，中央是一巨虎，前足反背于后，搂背一牛而行，二小虎摇尾昂首前后相随，其下是一蛇，口噬幼虎（图74）。扣饰表现了虎背牛的情景，虎的力量，大到能背牛，令人观之惊咤！表现虎噬牛的扣饰还有M4:10、M6:113、M12:156、M13:108、M13:252等。M3:71扣饰，表现的是一虎噬鹿的情景。M6:15和M7:32表现的是一虎背鹿的情景。

表现豹噬动物情景。如M10:4扣饰，中央是一猪在奔逃，而一豹扑于猪背，噬猪颈，另一豹被猪撞倒，但仍回头张口欲噬猪，其下有一蛇，口噬猪后足，身缠豹前腿，此扣饰表现的是二豹噬猪的情景（图75）。M71:90-2扣饰，鎏金，中央是一野猪，一豹扑于猪背，脚蹬猪后腿，噬猪肩。一豹前右脚抓猪后脚，前左脚抓猪身。猪口噬豹后

图 74　虎背牛扣饰

图 75　二豹噬猪扣饰

左腿，作挣扎状。扣饰下边是一蛇，口噬豹左后腿。此扣饰表现的二豹噬猪情景。M3：68扣饰，表现的是二豹噬牛的情景。

表现狼噬动物的情景。如M6∶107扣饰，中央是一巨鹿，鹿前足跪地，后足挣扎，张口惨叫，而一狼扑于鹿背，口噬鹿右耳，足抓鹿头，另一狼抱噬鹿后腿，其下是一蛇，蛇噬鹿尾，身缠狼后足。此扣饰表现的是二狼噬鹿的情景。M13∶258扣饰，中央是一牛，一狼扑于牛背，前爪抓牛臂部，一狼于牛腹下噬牛后腿，一狼抱噬牛前足。其下有二蛇，一蛇噬牛后足，一蛇噬狼后足，尾挂于牛角上，此表现的是三狼噬一老牛的情景。M3∶65扣饰，中间一鹿倒于地，腹部肠子溢出，豹噬狼颈，足抱狼腰，狼噬豹右后足，前左足抓豹腹部，后右足按豹头，前右足和后左足踏鹿，其下是一蛇，蛇咬豹尾，扣饰表现的内容是狼豹争食一鹿的情景。

其他还有表现水獭噬鱼（M12∶34）和虎熊相噬的扣饰（M13∶108B）。

表现动物姿势。如M13∶10扣饰，中央是一张翅引首正面而立的水鸟，足下两侧是两条倒立的鱼，两旁是两只引首横立的水鸟，其下是两条蛇，蛇头分别被两水鸟所踏，此表现的是三水鸟欲飞情景（图76）。M4∶23和M7∶92扣饰，形状是一猫头鹰头部，饰有双圆眼，钩啄，表现的是猫头鹰头部形态。M21∶23扣饰，是一大鹈鹕，秃顶长啄，正在踩着一条鱼啄食，其眼和翅嵌以绿松石小圆片，此扣饰表现的是鹈鹕食鱼（图77）。M13∶45扣饰，是两鹿身人面兽，交股而立，兽头有犄角，耳饰环，足套圆镯，周缠四蛇，蛇咬兽面颊，此扣饰表现的是二兽形态。M6∶17扣饰，中央是一大牛头，两角上各有一小牛头，牛头额上饰以心形图案。M13∶254扣饰，中央是一大牛头，其头顶上是一小牛头，两角上各卧一牛，两耳上各有一蛇（图78）。这两件扣饰是表现牛的头部形态。M12∶152扣饰是一蝉，面凸并刻饰蝉眼和翅，背面内凹，并有齿扣，这件扣饰表现的是蝉的形状。

从这些自然形扣饰表现的内容不难看出，青铜扣饰内容不仅涉及当时社会生活内容，而且还涉及了当时的生态环境。表现内容既有动物瞬间活动场面，又有动物的优美姿态造型。这些扣饰造型生动，形象逼真，人物比例准确，一个情景或一幅场面或一个姿态，都抓住了特点加以展现。这些扣饰还展现了滇人工匠的非凡技艺，入木三分的观

图 76　三水鸟扣饰

图 77　鹈鹕扣饰

图 78　三牛头扣饰

察能力，高深的欣赏水平，件件器物都展现了滇青铜文明。

表现滇人青铜艺术水平的器物还有圆雕铜俑和牛、虎、鹿、鸳鸯、孔雀等动物造型。

由出土的扣饰研究可知滇人扣饰的一些发展情况。圆形和长方形扣饰在早期多是图案型，发达时期多是贴嵌加浮雕型，而且工艺好。自然形扣饰早期少（多是战国末），发达时期为多。论其技法的发展开始为圆形图案型，继而发展为贴嵌宝石和自然形。图案扣饰不论是圆形还是长方形，均是正面凸，背面凹，正面饰图案或饰一个简单的动物，形式单一，无镶嵌。到了发达时期，扣饰的形状发展为不仅有圆形，还有长方形、自然形。可能是为了便于镶嵌的原因，圆形扣饰的正面也由凸面改为凹面，表面也饰圆雕或浮雕的动物、人物，大多并加贴嵌，有的还鎏金，使扣饰显得格外美丽。自然形扣饰流行于滇人青铜时代的发达时期。这时，滇人扣饰的表现技法也更为多样，涉猎的内容更多，题材更丰富，制作技法更加娴熟。到了西汉末和东汉初，扣饰与其他青铜器物一样逐渐消失，滇人的青铜扣饰艺术也随着青铜时代的结束而结束。在西汉末期至东汉初期均无扣饰发现。

滇王及贵族墓随葬的扣饰，少数可能为战国晚期，多为西汉初、中期，属滇青铜时代的发达时期。到这时，扣饰已发展成为滇青铜文化重要的组成部分，并在青铜文化中独树一帜。从这些扣饰中，可领略滇人高超的青铜艺术和文明。

扣饰的使用方法在出土的青铜俑上已有表现，如出土的四人乐舞俑、跪俑、大铜俑等，在俑的腹部肚脐位置系有圆形扣饰，说明圆形扣饰是系于腹部。据发表资料统计，在滇青铜文化遗存中，迄今已出土各类扣饰658件，其中圆形扣饰有393件，占总数的60%。出土扣饰的墓共有136座，而出土一件扣饰的墓有81座，而出土一件圆形扣饰的墓有54座，占出土一件扣饰墓的89%。从出土数量和出土墓数看，圆形扣饰均是多数，这说明，在配饰扣饰的滇人中，系饰圆形扣饰较为普遍。江川李家山M51墓出土一件金腰带，腰带两端有一长方形孔，系在腰间，两端的孔对叠，然后插入扣饰的扣钩。这件器物说明滇人的扣饰既是一种饰件，又是一种用具。

长方形和自然形扣饰的使用情况出土器物未见表现，那么，这两种扣饰又是饰于什么地方呢？不论是什么形式的扣饰，其后的扣钩均相同，圆形扣饰是用来系饰于腹间，揣测长方形和自然形扣饰也是系于腰间。这两种扣饰系于腰间对日常生活似有不便，于是揣测滇人在不同的场合可能使用不同的扣饰，圆形扣饰为日常生活中使用，长方形和自然形扣饰可能是在祭祀、迎宾、集会或其他什么特殊场合使用。据出土时有的粘有绢丝和漆皮推测，有时也可能作一种挂件使用，或是饰于专门的器具上或饰珠襦上。

概而言之，滇王及贵族墓出土的扣饰数量多，类型齐全，制作工艺精致，图案美丽，题材多样，这说明滇人特别时尚佩戴扣饰。而扣饰也成了滇青铜文化的代表性器物之一，滇青铜文明的重要组成部分。

先进的青铜冶铸技术

滇王及贵族墓出土青铜器所表现的青铜文明是以先进的青铜冶铸技术为基础，可以说，没有先进的冶铸技术，就没有滇青铜文明。滇青铜文明的发展，反映了滇人对金属铜、锡、铅的认识和加工技术的创造发明。

金属的认识与发现 用以铸造青铜器的铜是滇人最早认识的金属之一。《汉书·地理志》载："俞元，怀山出铜……来唯，从禹山出铜"，《后汉书·郡国志》记载："俞元，装山出铜……贲古，采山出铜。"俞元即今云南澄江一带，贲古即今蒙自县、个旧市一带。这些记载说明，在青铜时代，云南就已发现了许多产铜矿点。研究表明，滇人开采、冶炼和利用铜是从商代开始。云南的铜并输入到商都。有学者对出土的铜鼓、贮贝器等进行了矿源分析，结果认为这些铜器的铜均是来源于本地。这个研究也说明滇人所利用的铜是滇人自己开采和冶炼的铜。从出土的青铜器研究看，春秋以前，虽然青铜器占了优势，但青铜器中的金属成分比例还是没有规律，还不能适应需要，铸造的青铜器铸缺孔较多。战国、西汉时期，滇人的青铜冶炼技术和金属成分的合成技术已处于成熟阶段，这主要表现在下述两个方面。

首先是青铜合金的化学成分与所铸器具的功用相适。如青铜兵器的锡含量一般在12%～16%，只有少数低于10%；含铅量一般很低，只有少数较高。又如铜剑的金属成分与中原戈戟的成分相近，铜剑的锡含量为20.07%，有较高的硬度。从滇王及其贵族墓出土青铜器的化学成分测定结果可见滇人青铜铸造技术的成熟水平（表4）。再如铜鼓的合金也表现了滇人冶金技术的成熟，经对石寨山型的九面铜鼓进行了测定，其结果为早期含铜量大于93%，含锡量和含铅量几乎为零。中期以后，含铜量一再下降，为小于83%，含锡量或含铅量大于14%，并且处于较稳定阶段。由此可见滇人的早期铜鼓合金成份与

表4　晋宁石寨山出土的部分青铜器合金成分测定表

名 称	铜	锡	铅	铁	合 计
铜鼓残片	82.95%	15.07%	0.55%		98.57%
铜斧	83.21%	12.81%	1.74%	0.31%	98.07%
铜剑	76.18%	20.07%	0.39%		96.64%
铁剑铜柄	81.53%	14.50%	0.84%	1.52%	98.39%
铜钏	87.38%	6.04%	3.8%		97.22%

万家坝铜鼓的合金成分接近。中期以后，含铜量下降，含锡量和含铅量上升，有的铅、锡各占一半，为锡铅青铜。作为滇人的重器铜鼓，这时其金属成分已与中原的钟鼎相近，其锡的含量为15.07%，这个比例，使铜鼓既有一定的硬度，又有一定韧性，打击时声音宏亮，但又不易被击破。铜器合金成分与中原“六齐”合金规范的青铜器相近，说明滇人“对青铜器合金已有较准确的认识和熟练的应用”。

滇人还能在青铜器的铸造中，以改变金属成分的比例，来改变青铜器的颜色和提高防腐能力，这种方法叫负偏析法，即铸造时，在铜中加入大量的锡，浇铸后则保暖缓冷，这时，由于锡青铜有树枝状结晶的多孔性特点，结晶过程延长，晶粒变粗，熔点低的锡就沿着这些微孔渗到表面，形成了青铜表面锡过多，而内部锡含量低的状况，铸造的青铜器即呈现出灰白色，这种方法既起到了保护青铜器的作用，又改变了青铜器的颜色。青铜器中的贮贝器、铜扣饰、铜剑等，虽经几千年，有的仍完好如新，经有关专家作金相研究，发现青铜器中锡的含量是由表及里逐渐减少，其中无明显分界线，进一步证明了滇人存在这种铸造方法。滇人的这种铸造技术不能不说是中国青铜文化中的一大成就。

其次是滇人已认识了金属成分与冶炼温度、金属色泽和铸造的关系。纯铜的熔点为1083 度，当加入锡后，青铜的熔点就会降低，加锡10%，其熔点降为1010度，加锡20%，熔点降为890度，加锡30%，熔点降为750度，铜中加入锡后，不仅熔点降低，而且硬度增加。按博林氏硬度计，纯铜的硬度为35度，加锡5%～7%，硬度增为50～60度，加锡7%～9%，硬度增为65～70度，加锡9%～10%，硬度增为100度。当铜中加入锡的量由少到多后，铜的颜色就会由红色变为橙色，再变为黄色，再变为淡黄色，加入的锡为30%～40%时，此时即呈灰白色。铜加入锡后，还能使铜液流动性能加强，进入范内时，范腔均能达到，这就有利于铸造。这时期的器物，有的表面呈银白色，光泽如新，所铸器物无铸缺痕，纹饰、图案清晰，这当是铸造技术成熟的标志。

锡也是滇人认识较早的金属之一。锡的熔点低，比重高，适量加入铜中可改善铜的硬度和色彩，加入量达一定比例时，锡浮表面，既改变了铜的颜色，又起到保护铜器免遭锈蚀的作用。现已查明云南的锡矿有81处，分属于两种：一种是原生锡矿石，也叫脉锡；另一种是砂锡矿石。这两种矿石含锡品位高，易于采选和冶炼。滇人很早就认识了锡，并掌握了开采和冶炼锡的技术。《汉书·地理志》载：“律高，西石空山出锡……贲古，北采山出锡……南乌山出锡。”律高即今通海县一带。这条记载说明，早在青铜时代，在云南就已发现了许多产锡矿点，个旧至今仍是我国著名产锡之地，有“锡都”之称。石寨山没有出土纯锡器，但青铜器物中95%以上是锡青铜，其锡含量为5%～25%，这反映了两个问题：一个问题是说明锡是有意加入的，非与铜共生锡；另一个问题是说明滇人已能冶炼纯锡。锡青铜是对锡的认识水平的体现。滇人青铜器物中，有的青铜表面呈蓝白色，无锈迹，或锈迹较少，看去光彩如新，这是采用控制加锡比例和控制冷却速度的技术铸成，这种方法在今天的一些手工业匠师中仍在使用。

铅也是滇人较早认识的金属之一。铅较软并具有防腐性，加入铜中也和锡一样，可改变铜的硬度和色彩。铅青铜即铜和铅的合金。铅在自然界中多为共生矿。在云南已查明的铅矿中，主要有氧化铅锌矿和硫化铅锌矿，这两种矿易采易选。《汉书·地理志》记载：“律高，……东南盢町山出铅……贲古……西羊山出铅。”这条记载说明铅和铜一样，是人们早已认识的金属之一。滇人早已掌握了铅的开采和冶炼。石寨山出土器物中，也有铅青铜。其中的铅当是有意加入，而不是与铜共生的铅。滇人青铜器中的铅青铜，是滇人对铅的认识和应用成熟的表现。

滇人对铁的认识比中原晚。铁的发现恩格斯给予了高度的评价：“铁使更大面积的农田耕作，开垦广阔森林地区成为可能；它给手工业工人提供了一种极其坚固和锐利的非石头或当时所知道的其他金属所能抵挡的工具。”铁的发现是青铜时代的一大成就，是青铜时代冶金技术发展的产物。中国的铁制品发现最早的是1972年河北藁城发现的一件商代铜柄铁钺，经北京钢铁学院分析，其铁为陨铁。这一器物说明，人们开始时总是先从利用自然获得的金属开始。江苏六合程桥、湖南长沙杨家山出土的铁器说明，人工铁器在春秋时代已出现。战国时期就有更多的发现，如河南洛阳中州路、邯郸齐村出土的铁锄，山西长治出土的铁镬，河南辉县固围村两座墓出土铁器53件，河北兴隆共发现87件铁范，这些发现说明，中原战国时期已进入大量使用铁器的时代。《后汉书·郡国志》记载：“遂久，灵关道、台登出铁……滇池出铁，……不韦出铁。”这些矿点，在汉代已被人们认识。滇池旁的安宁昆钢至今仍是著名的产铁地。铁矿的存在，是人们开采和利用的条件。出土器物说明，滇人在青铜时代的中后期，已掌握了开采和冶炼铁的技术。江川李家山M21:26铜柄铁剑，其年代为春秋末期，测定年代为距今2500±105年，即公元前约500年。此说明，在春秋晚期，滇人已认识并利用铁。出土的西汉中期以前的铁器有一个现象，就是保存很差，质地松。这说明，滇人的铁可能是用块炼法，即固体还原法制作的铁。就是直接用氧化铁矿石烧锤而成，这种方法要求的温度只需650～1000度即可，所锻出的铁质地松，纯度低，因而出土器物均是夹嵌或套合的铜铁双金属器具。 这种夹嵌或套合的铜铁双金属器物，其柄均与出土的青铜器相同，说明出土的铜铁双金属器物是滇人自己制作的器物，而非贸易流入物，铁也当是滇人自己冶炼的铁。西汉中期以后，出土的铁有了质的变化，数量也有了增加，石寨山出土的21件铁剑，均为铁刃铁茎剑，还有铁斧、铁锛、铁削、铁矛、铁锤等。它们均是纯铁制品，斧、锛、矛均有銎，其中有的已达高碳钢的水平。石寨山出土的刻纹铜片和有的器物上的刻纹等表明，只有使用了高碳钢的刃具才能刻出如此的图案，只有发明了液态冶炼铁，才能铸造有銎的斧、锛、矛等器物，这些器物说明滇人冶铁技术已进入了高温冶炼和铸造的阶段。到东汉以后，青铜器衰落，取而代之的是铁器的广泛应用，滇人社会进入了封建社会，铁的认识和应用推动了滇人生产力的发展和社会的进步。

冶铸技术的发明与创造 从上述青铜器研究表明，滇王及贵族所控制的滇池地区已掌握的先进的冶铸技术有范铸和失蜡铸两种。

范铸分石范铸造和泥范铸造。石范铸造主要用于铸造简单的器物。1986年3月，在嵩明县的凤凰窝滇人墓葬中，出土两合石范，一件是尖刃锄，一件是斧。随葬此石范的主人当是滇人中的冶铸工人，也可能是冶铸头人。

石寨山出土的大量的青铜器大都有明显的合范线。这说明，铸造较为复杂的器物当是使用泥范铸造。滇人在青铜铸造的实践中，在石合范的基础上，创造了复合泥范铸造技术，以用于铸造较复杂的青铜器物。泥范的铸造工艺过程首先是制成一个青铜器泥模型，晾干。然后是翻制外范，其方法是在模型上涂上油或垫上隔离物，敷上细泥，再敷上粗泥。外范的块数取决于所铸器物的大小，如铜鼓，一般制成三块，即面一块，身两块。小件器物一般为两块。第三步是制作内范，其方法有两种：一种是用模型做内范时，削弃一层即成内范；另一种是用制好后的外范，再翻制内范，翻制出的内范再削弃一层，削弃的厚度就是所铸器物的厚度。如果是制作相同大小的器物，可用一模型翻制数个相同的外范，石寨山 M16:1、M16:3 铜鼓，大小相同，而纹饰不同，说明这两个铜鼓是用一个模型翻制。出土的大小和纹饰不尽相同的滇人青铜器，估计可能是用一模一范制成的器物。因为如果用外范翻制内范，外范也容易损坏。如果用模型翻制外范，而各器物形状又不相同；如果用内范翻制，铸造后，其内范在取铜器时已损坏不能再用。滇人器物中相同者少，这当是主要原因。纹饰刻在外范上，铸出的为阳纹；刻在模型上，再翻到外范上，铸出的为阴纹；刻在内范上，铸出的纹饰均在内壁。第四步是把制好的外范和内范合好，如果所铸物体是空心的，还必须使用支钉，以固定内范。而铜鼓则有所不同，先把内范放于一平台上，对接好外范身部，再放上外范面部，最后粘合并捆结实。对接好的范晾干，用低温烤干，并预热至六百度，注入铜液，待冷却后，拆弃外范和内范，铸成的青铜器经修整即成。铸好的铜鼓还须定音，据清屈大均著《广东新语》载，对铸好的铜鼓，再稍加温，淬火而成，淬火位置在铜鼓鼓心及四边，淬火时并用锤锤击以听其音。

使用泥范铸造时，有的是先铸出部件，再把先铸好的部件分别嵌入外范中，再一次铸成，铜鼓的耳与身就是采用此法铸造。江川李家山出土的马衔，先分别铸出部分环扣，然后再把这些部件嵌入陶范中，铸出的马衔就是连环的。在用范铸造过程中，还采用了提高青铜熔液的温度、合理配置金属成分、预热陶范、铸后保暖冷却等技术。出土的西汉时期的青铜器无夹砂、无气孔、厚度均匀、无错范、纹饰清晰，这些说明滇人的陶范铸造技术已十分先进。

失蜡铸造法即是用蜡做成蜡模，在蜡模外敷上泥为范，再焙烤范，使蜡融化流出，形成范腔，浇铸后，就可铸出无范痕、光洁、精美的器物。根据考古发现，滇人在春秋时期就掌握了此方法，到了西汉时期，已十分成熟。此方法又分为捏蜡法和贴蜡法。捏蜡法是用60%的蜂蜡、40%的牛油，混合成蜡料。这种蜡料在常温下不熔不硬，类似于今天的橡胶泥，用手捏即成形。铸造工艺中，又分为两种：一种方法是用此蜡料制模，再制成范，然后分别铸造出器物，再把器物用榫卯组合成器，如出土的纺织场面贮贝器、人物贮贝器和铜枕等就是把器身和饰件人物等分别铸成后，再组装成器；另一种是分别制好蜡模，再利用蜡的粘合性，把蜡模组合起来，制成器物蜡模，再用蜡模制成范，最后浇铸成器，这种方法铸造的青铜器无榫无卯，无铸焊痕，镂雕扣饰、圆雕饰件就是用此方法铸造的。贴蜡法是以松香、蜂蜡、植物油为原料，在蒸锅中使其融化混合，取出稍冷后，在刻有纹饰的模板上压制成板材待用。使用时，将蜡板放于温水中，依据器物大小，把蜡板裁成适合的蜡块，贴于内范上，并使粘接好，再敷上泥，制成外范，经焙烤，使蜡融化流出，制成铸范。此种蜡料在常温下硬而脆，只有在温水中，才能变软可塑，但做出的蜡模强度高，不易变形，因而此种蜡料适于制作大型器物。有的贮贝器身当是采用此方法铸造的。铜鼓的制作方法略有不同，首先做一铜鼓模型，待干后，在模型上贴上蜡块，即制成蜡模，在蜡模上刻上花纹或图案，或做上圆雕饰物，做好后，在蜡模上敷上泥，待泥干后，加温使蜡熔化流出，此时，范即做成。注入铜液，冷却后，拆弃范，铜鼓即铸成。铸出的铜鼓经淬火定音即成。

滇人丰富多彩的青铜器物，就是以先进的冶铸技术为基础，才得以发挥，使它在中国青铜文化中独具特色，今天我国某飞机制造厂，从中吸取精华，使用此方法，造出高强度的飞机螺旋桨，解决了飞机制造中的一大难道。

加工方法 出土青铜器还反映了滇人对金属的加工方法，这些方法有刻、錾、镶嵌、锻等。

石寨山出土器物中有一件铜片，上有牛头、人头等表意图案。这种图案线细如发，图案清晰，动物生动，比例合适，这是使用刻的技术制作而成。M17：24壶，在壶颈、壶腹上，刻有凤、鹿、豹等动物，这些动物不仅图画美丽，而且刻线细如发丝，线条流畅。M71墓出土的叠鼓形贮贝器，器身也刻有动物图案，这些图也是使用雕刻技术制作，是青铜器中的精品。这些器物既充分表现了滇人匠师的绘画水平之高，又表现了滇人匠师高超的刻铜技艺。

在出土的青铜器物中，嵌错技术制作的器物也富有滇人特色，而最具特色的是青铜扣饰。在出土的大量青铜扣饰中，有较多的器物表面饰有直径在五毫米左右的绿松石圆片，它们一个连一个有序地排列于器物表面，有的其上还有彩色玛瑙或玉管等，这就是使用贴嵌技术制作的器物。首先把所饰物用漆粘贴于器物表面，然后再磨平，这种器物不仅造型好，而且具有美丽的色泽，看起来更加赏心悦目。它们是滇人青铜镶嵌技术的代表作。

在出土青铜器中，如锯片、刻纹铜片、甲片、打纬刀等，簿如纸，厚一二毫米，且无铸造痕迹，说明这是使用冶铸的铜板锻作而成。这种方法在今天的云南东川、会泽等地区民间仍流传着。不同的金属有不同的锻作方式，青铜片是用热锻而成，较小的也可能是采用冷锻而成。

从上述石寨山滇王墓及贵族墓地出土的绚丽多彩的青铜器，使我们既看到滇青铜文化的丰富内涵，又了解到滇人高超的冶铸技术。

第五章 五光十色 赏心悦目

——二看珠宝玉器

石寨山滇王及贵族墓中出土的珠宝玉器，五光十色，赏心悦目。为什么滇王及贵族墓出土这么多宝石呢？这得从滇人所处的地理位置说起。滇人地处西南边疆，在这块神奇而富有魅力的红土高原上，地质历史复杂，岩石种类众多，因而，宝石资源丰富。就目前所知，在昆明地区主要有玛瑙、紫晶，滇东南主要有红宝石、蓝宝石，滇南主要有红宝石、祖母绿、海蓝宝石，滇西有碧玺、猫眼宝石、绿柱石、玉石等。从滇王及贵族墓葬中出土的各种宝石说明，早在青铜时代，生活在滇池湖畔的滇人就已开发和利用这些资源，以丰富自己的生活，并形成了与青铜文明相应的组成部分，这种产业至今仍沿袭和发展着，以致有人将昆明誉为“珠宝城”。

古代的人们对湿润光泽而又美观的石头，均称为“玉”，这就是广意的玉。古人这样称，是由于当时的科学技术水平所限，不能对其进行化学成分分析测定的缘故。随着现代科学技术的发展，人们对微观物质世界认识的提高，对这些宝石才有了明确的认识，才有了对玉的专指。

滇人对宝石的认识和利用情况，从文献中也可窥见一斑。晋《太康三年地记·九州要记》载：哀牢“出铜，铁，铅，锡，金，银，光珠，琥珀，水精（晶），琉璃，轲虫，蚌珠，孔雀，翡翠”。南朝宋范晔所著《后汉书·西南夷列传》也有相同的记载。晋郭义恭《广志》载：“翡色赤，翠色绀，皆出交州，兴古县。”晋张华《博物志》载：“琥珀一名红（江）珠。今太山出茯苓而无琥珀，益州永昌出琥珀而无茯苓。”哀牢即今滇西一带，这一地区是世界上著名的泰国——柬埔寨宝石成矿带北延地区，著名的红宝石和翠玉就产于这一带的伊洛瓦底江流域，这一地区汉代内属于永昌。文献中所说的翡翠、孔雀、水精（晶）、琥珀就是古人所说的玉。这说明早在汉代，滇人对宝石的开发和利用就有文献记载，而考古材料比文献所记载的要丰富，年代要早得多。

碧青的玉器

石寨山滇王及贵族墓中出土的玉器制作特别精致。这些玉据其硬度分有硬玉和软玉两种。硬玉的硬度在6.5～7度，色泽随所含矿物的不同而不同，有人也称翡翠。硬玉产于云南。软玉有绿色、碧青色、青灰色、灰白色、灰黑色、浅黄色、浅绿色、淡绿色、无色，半透明状，水分较好，质地细腻，油质光泽。经取滇王玉衣片10片用显微拉曼光谱仪、衍射仪做无损成分检测确定，玉质是透闪石——阳起石系列矿物，折光率（Nm）=1.59–1.61，密度（D）=2.89–3.04，硬度（H）=5.5–6.0，与新疆和田玉中的青玉相似。滇王及贵族墓中出土的玉以软玉为主，其器有玉衣、玉环、玉耳环和玉管等。云南至今未发现软玉产地，滇人使用的软玉当是从外地而来。

玉衣只有玉衣片171片，出土于滇王墓（M6），发掘时没有辨认出来，后经整理发现。在这些玉片中，已完成的有面部玉片，如眼、鼻、嘴和面部玉片（图79），其他仅切割成片。在这些玉片上，有的还有弦纹、雷纹等。这些玉片颜色有碧青色和白色，属软玉，经过抛光，看去显得特别晶莹美丽。穿玉衣葬是汉代诸侯王的丧葬制度，这种玉器又称为葬玉，当时的人们相信它可以保护尸体不烂。滇王墓出土玉衣片，说明滇王也用玉制作玉衣，只不过未完成而已，但仍反映了滇王对汉制的崇尚和对玉能保护尸体不腐的观念，也反映了滇王享有的待遇。

玉耳环是出土较为普遍的一类玉器。色彩有白色、米黄色、碧青色。白色和黄色是长期埋于地下被腐蚀的结果，原也是碧青玉。出土时有的已被红壤腐蚀成粉状或碎片。保存完好的玉耳环有三种形状，第一种形状呈圆角长方形，中央是圆孔，一长边有一缺口，口两端各有一小圆孔供穿系用，大者长7厘米，宽4.3厘米，厚约0.1厘米，中央圆孔孔径约2.1厘米。小者长2.3厘米，宽1.8厘米，厚约0.1厘米，中央圆孔孔径约0.9厘米。使用时，重叠成串，挂于耳孔上。出土时也成串发现于头骨旁。第二种是圆圈

图 79　玉衣片

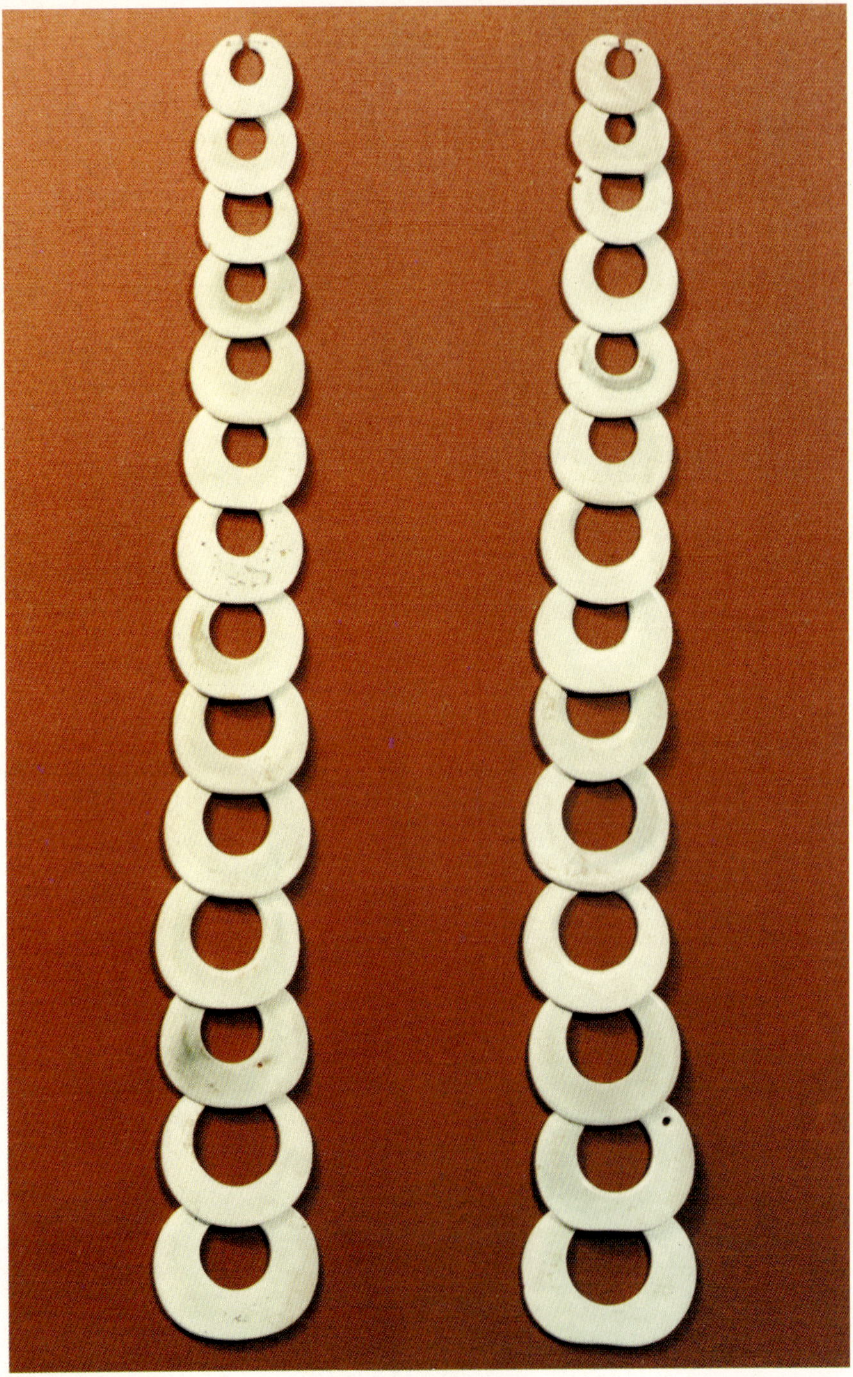

图80　玉耳环

图 81　玉环

形，中央是一圆孔，一边有一缺口，口两端各有一小圆孔供穿系用，有学者称这种耳环为玦形玉耳环（图 80）。大者外径 10.3 厘米，小者外径 1.8 厘米，厚约 0.1～0.2 厘米。使用时，也是重叠成串，挂于耳孔上，出土时也是成串发现于头骨旁。第三种是犬齿形，上圆下尖，但两面平，上端有一小圆孔供挂饰，下端有的也有一小圆孔。在出土的滇人铜俑中也可见到饰玉耳片的方法，把玉耳片从大到小重叠排列，并用线系成串，再系于耳上。每串的片数多少不一。出土玉耳环和出土铜俑所戴耳环的情况说明，滇人戴玉耳环也是一种时尚，虽是耳环，但也只有贵族才能享用。

玉环计有 15 座墓出土 56 件，这是出土较多的一类玉器。这些玉环的色彩有白色、米黄色、米红色、碧青色，均属软玉。碧青色为原来的颜色，白色、米黄色、米红色可能是长期埋在地下，受土中酸性化学物质的腐蚀所致。滇人玉环的形状大体像一个壁，细分为两种：一种是好（即内径边）的边缘有一凸起的唇（图 81）；另一种无凸起的唇，这些玉环内径（好径）5.7～7.1 厘米，直径 9.6～18.6 厘米，厚 0.2～0.9 厘米。出土时位于手骨位置，在出土的铜俑手上大都佩戴有与此相同的环，这说明这种玉环也是戴于手上的。它只发现于大中型墓，小墓均无出土，说明玉环只有滇王及贵族才能享用，也可见当时戴玉环的习俗已风靡滇人上层社会。

玉管也是出土较多的一种玉饰品。色彩有绿色和白色。白色也是埋于地下被腐蚀的结果。形状呈圆柱形，中间穿孔，长2.3～14厘米，直径0.5厘米左右。这种玉管其用途有二：一是用来镶嵌于长方形铜扣饰上，这种玉管较短，有一面稍磨平；二是用来穿于珠襦上，这种玉管较长。此外还有枣核状等。

出土的玉器还有三角形玉扣、玉钏、玉带钩、玉匕、玉碟、玉剑鞘头、玉标首等。

鲜艳如初的玛瑙

滇王及贵族墓出土的宝石中，以玛瑙的色彩最为鲜艳，多数仍保持了原来的色彩。玛瑙能保持原来的色彩，这是由它的化学成分所决定的，虽长期埋于地下，但玛瑙不怕腐蚀。这些玛瑙物理观察呈半透明状，有玻璃体光泽，按颜色分有红玛瑙、白玛瑙，按纹路分有丝纹玛瑙、条纹玛瑙，因此看起来特别美丽。红玛瑙的硬度约6.5度，比重为2.6。红玛瑙折光率为1.54，无二色性。在偏光显微镜下观察，呈黄、红干涉色。白玛瑙折光率为1.543。化学成分为隐晶质的二氧化硅。二氧化硅大于70%。云南产玛瑙的地点很多，滇池附近就有数处，其含钛量较高。石寨山出土的玛瑙当产于附近。出土的玛瑙制品有玛瑙扣、玛瑙珠、玛瑙管、玛瑙鼓形饰、玛瑙坠饰等。

玛瑙扣在出土的玛瑙制品中数量最多。形状似圆锥状，正面经抛光处理，显得特别美丽，中央还有一个凸起的尖（图82）。直径1.9～7.8厘米、厚0.2～0.3厘米。有的玛瑙扣背有二钉，钉上穿孔，钉高0.4～2.2厘米；有的玛瑙扣背无钉，而有两个穿孔，直径1.4～1.9厘米。考古中所见玛瑙扣用途有二：一用来穿饰珠襦，二是用来镶嵌于铜扣饰上。

玛瑙珠是出土较多的一类玛瑙制品，这种珠表面经抛光，中央穿孔，形状有的呈扁球状，直径0.5～2.6厘米；有的呈扁柱形，直径0.5～1.2厘米；有的呈枣核形，长0.7～7厘米，直径0.5～1.8厘米；有的呈六棱柱形，长1.5厘米，直径0.8厘米。这种珠饰

图 82　玛瑙扣

也是用来穿饰珠襦。

玛瑙管表面经抛光，中央均穿孔。形状略有不同。呈圆柱状者，粗细均匀，管有粗有细。粗者直径 1.2 厘米，长 4.8 厘米。细者直径 0.5 厘米，长 1.8 厘米。枣核状者，中央粗，两端细。大者长 7 厘米，直径 1.8 厘米。小者长 0.7 厘米，直径 0.5 厘米。此类管也是用于穿饰珠襦。

玛瑙铜鼓形饰即形状呈铜鼓形，但中央穿孔，这是仿铜鼓形状而制作，长 1.2~1.8 厘米，束腰，两端鼓。

玛瑙坠饰形状呈胆状，长 2 厘米，尖端穿小圆孔，这种玛瑙饰可能是作坠饰。

数量最多的绿松石

在滇王及贵族墓中出土最多的宝石制品是绿松石片和珠。绿松石质地细密，色呈蓝绿色和蓝色，在放大镜下观察，有黑点和小孔。经成分分析结果可看出，其铁的含量很低，锌、砷、锑等含量较高，与湖北产绿松石相似。浅黄色和灰白色者，放大镜下观察，可见高磷土，有孔隙，与云南安宁所产的原料相似。出土的绿松石制品有绿松石珠、绿松石片、绿松石扣和绿松石雕刻品。

绿松石珠饰形状呈扁圆球形者，直径0.7~1.3厘米。形状呈椭圆形者，长0.6~2.6厘米。形状呈圆台形状者，高1.5厘米，直径0.5~1.2厘米。形状呈管者，长0.2~2.2厘米。还有鼓形者。这些珠饰中央均穿孔，用于穿饰珠襦。

绿松石片形状呈圆形，直径约0.5厘米，厚约0.1厘米。中心有圆孔。数以万计，所见此类绿松石片是镶嵌于青铜扣饰上。

绿松石扣与玛瑙扣形状相同，正面经抛光，中央有一凸起的尖，背面有的有钉，有的无钉，但有穿孔。大者直径3厘米，小者直径1.7厘米。此类扣有的镶嵌于青铜扣饰上，有的穿饰于珠襦中。

绿松石雕刻动物出土数量少，有鸟、蝉、兽。这是用圆雕方法雕刻而成。背面有穿孔，也是用于穿饰用。

在出土的宝石中还有少量的孔雀石、石英粉砂岩、葡萄石等珠、片。

滇王及贵族墓葬中出土大量的宝石制品，反映了滇王及其贵族对宝石特别厚爱，也说明滇人的宝石加工已有专门的人员和专门的场地，其生产也有一定的规模，产品的数量相当大。

根据出土时情况看，这些宝石珠管饰件，有的是串成珠襦，覆盖于棺上或制成敛衣。以M10为例，大玛瑙扣串在四周，每两枚玛瑙扣之间夹一绿松石扣，当中用小玛瑙和绿松石、玉珠串成若干横列，其中饰以金扣及金珠，然后连成整件，长约145厘米、宽45厘米。上层中央挂着一串青铜圆形扣饰约10余枚。由此可见这些宝石制品的特殊用途。

精湛的宝石镶嵌

滇人的宝石还大量用于镶嵌，以镶嵌宝石扣饰最为美观，技术精湛。滇人把铜器造型和宝石的自然色彩结合起来，使其达到完美的高度。这种贴嵌扣饰按宝石搭配分，有贴玛瑙，贴绿松石，贴玉和绿松石小圆片，贴玉、玛瑙和绿松石小圆片，贴玉、玛瑙和绿松石，贴玛瑙和孔雀石小圆片，贴水晶和绿松石等。

贴嵌玛瑙见于长方形扣饰，只在扣饰中心镶嵌玛瑙，周边是青铜素面，如M4:12扣饰。

贴绿松石小圆片较为普遍。圆形扣饰是在扣饰中央贴绿松石小圆片。如M13:137扣饰，直径16.6厘米，重408克，中心是一站立张尾的孔雀，有尾羽共13支，在整个背地上贴绿松石小圆片，按制作时的颜色看，边和孔雀身为铜红色，孔雀尾为绿松石色，这种利用贴嵌构成动物的自然色彩，是当时利用绿松石技术的一种创造。M13:234扣饰，直径13.8厘米，整体布局为三层，外层有一宽铜边，中层为贴绿松石小圆片，中心饰一浮雕牛头，按制作时的颜色，当为铜红色和绿色的组合。长方形者边饰波浪纹和弦纹，中贴绿松石小圆片，如M22:67扣饰，高6.2厘米、长12.2厘米，边饰浮雕鹦鹉，中央贴绿松石小圆片。自然形者如M21:23扣饰（图77），这是用铜制作成一鹈鹕捕鱼扣饰，在眼和翅上贴绿松石小圆片。

贴玉和绿松石小圆片的情况见于圆形扣饰者，是在扣饰的中间嵌一玉环，周贴绿松石小圆片。长方形扣饰如M13:157扣饰，长15.2厘米、高11.3厘米，边铸饰站立的狐15只，头向正面，贴嵌分布为两层，外层贴绿松石小圆片，中央贴长玉管两组6根，玉呈翠色和绿白色（图66）。M13:193扣饰，边饰怪兽，中心贴玉管，玉管周贴绿松石小圆片。M6:16扣饰，中心镶玉管，玉管周贴绿松石小圆片，边饰浮雕猴。

贴玉、玛瑙和绿松石小圆片的这种组合贴嵌扣饰只见于圆形扣饰，在扣饰的中心镶一圆形玛瑙扣，有的是红色，有的是白色，玛瑙扣周围贴绿松石小圆片，再镶一玉环，外又贴绿松石小圆片，一般形成铜、绿松石、玉、玛瑙四色组合。如M15:17扣饰（图64），形状呈圆形，直径17.5厘米，重431克，贴嵌从外向内，分为五层，外有一铜边，第一层是中间贴两圈小绿松石片，第一圈有157片，第二圈有158片；第二层，在云雷纹中间贴绿松石片，共八个云纹，每个云纹之间又贴一圆形白色玛瑙，共八个，玛瑙均有纹带；第三层，镶一白色玉环；第四层，贴绿松石片；第五层，中心镶一圆形乳白色玛瑙扣。当时制作的颜色是铜为红色，绿松石为绿色，玉为黄白色，玛瑙为乳白色，这样的贴嵌，构成了一个色彩奇丽，纹饰美观的圆形扣饰。

贴玛瑙和绿松石是最常见的镶嵌，出土也最多。在圆形扣饰上，中心镶一圆玛瑙扣，周贴绿松石小圆片，有的还用朱漆和黑漆绘以光芒，如石寨山M13:236A扣饰绘以11角形光芒，M13:237B扣饰绘12角形光芒，M13:236B、M13:239C扣饰绘14角形光芒，M13:236C扣饰绘16角形光芒，M13:239A扣饰绘17角形光芒。大者直径达20厘米，小的仅约8厘米。M13:39扣饰，直径13厘米，边高，中央凹，边饰圆雕牛，牛首尾相接成环状。中心镶红玛瑙圆扣，周围贴绿松石小圆片，此扣饰构成了红铜色、绿松石色、红玛瑙色的三色饰件，看起来格外的美丽。

贴玛瑙和孔雀石小圆片的器物也别有特点，如M6:16扣饰，直径13.5厘米，中凹边高，边铸圆雕猴，猴首尾相接，呈环状，并鎏金。扣饰的中间嵌一红色玛瑙扣，扣的中心凸起，周围贴孔雀石小圆片，一个一个地排列有序，构成金色的猴，绿色孔雀石，红色的玛瑙三个层次，看起来更加艳丽（图65）。

贴绿松石手镯计出土8 件。这种手镯两边有凸出的线，中心镶绿松石小圆片，面经打磨抛光。

滇王及贵族墓出土的嵌宝石器物反映了滇人对宝石的喜爱和先进的加工技术。

宝石加工技术

滇王及贵族墓出土的宝石制品和嵌宝石器物是以先进的宝石加工技术为基础。从出土器物中可知其技术有磨、烧花、贴嵌等，这些技术在当时应是先进技术。

磨制技术是一项古老而又富有生命力的技术，早在新石器时代，人们就发明了这种技术，并用于生产工具的制造中，制出了磨制骨角器，磨制石斧、石刀、石锛等。而在青铜时代的宝石加工中，这种技术有了进一步的发展，出土的宝石制品中，有的背面仍保存着磨的痕迹，光亮如初的表面是使用磨的技术进行抛光处理而成，有孔的制品是使用磨制钻孔技术而制成。当时人们高超的钻孔技术已是无法想象，但出土器物中，确给后人留下了多少惊叹。成千上万的绿松石、孔雀石、玛瑙和玉等珠、片、扣，均有穿孔，而且孔是那样的小，可见滇人的钻孔技术之高。出土的各种扣饰正面中心都有一个尖，由此可知，当时滇人制作时，可能是用一种中心空的工具，如竹筒之类的东西，加以研磨料，按在上面转磨。中心的尖是磨制后生成。抛光也可能是使用这种技术，而且也只有使用这种技术，才能使转速达到一定的高度，出现这样的光洁度。

烧花技术只见用于玛瑙制品。在石寨山出土一种玛瑙管饰，有的上有黑色弦纹，有的上有白色平行弦纹，有的白黑弦纹相间，弦数多少不一。这种色彩鲜明的纹饰与玛瑙的色彩共映，形成斑斓美丽的色调，使人看起来，格外赏心悦目，这是使用烧花技术制作而成。经分析，把玛瑙制好后，在面上磨制出所需的凹弦纹，其中填上颜料，用火烧焙后就形成这种纹饰。由出土器物可知，滇人还掌握了利用烧制的技术以改变宝石的色彩。这种用加温来改变宝石色彩的方法，也是今天的宝石加工技术中的主要方法。

贴嵌技术是滇人宝石制品中常用的技术，首先在铸造铜器的时候，有意留下贴嵌的凹槽，然后，用树脂，如漆之类，把磨制好的宝石制品粘贴上，待干结后再磨光，有的绘以花纹，有的在铜器铸造好后，还经鎏金。鎏过金的扣饰，与绿松石或孔雀石，或玛瑙色彩形成鲜明的对比，互相衬托，更显其宝贵和美丽。

宝石贸易

在石寨山出土的宝石中，有一些为外地产品，如软玉、琥珀等，它们从何而来呢？软玉经测定与我国新疆的和田玉相似，因此，软玉可能来自于和田。而琥珀可能来自缅甸。据文献记载可知，青铜时代，滇是一个小国，但地理位置重要，北接巴蜀，南接百越，是古代南北交通的要地，其交通线当是沿今珠江、红河、怒江、澜沧江、金沙江河谷向南、向北、向西延伸，有的宝石可能是通过贸易或互赠而来。出土的器物数量之多，说明在青铜时代，滇人中已存在着宝石原料贸易，而且贸易也有一定的数量。

随着宝石贸易而来的是宝石的加工技术的交流。在泰国北碧府的班东枚菲遗址，出土五十余枚与石寨山同时代的烧花刻划肉红玉髓和玛瑙珠，还有数百件素面玛瑙珠。滇人中的烧花技术，可能是从泰国传入，这说明当时滇人与泰国、印度不仅存在着宝石贸易，还有宝石加工技术的交流，这些贸易和交流促进了滇人宝石工业的发展。

滇人的贵玉观念

古人对湿润有光泽而又美观的石头均称为玉。自新石器时代出现用玉以来，到商周时期，玉器发展与礼制联为一体，有圭、璋、璧、琮、琥、璜为六瑞之说，并用于祭祀重典。《周礼》载以苍璧礼天，黄琮礼地，青圭礼东方，赤璋礼南方，白琥礼西方，玄璜礼北方，反映了周代社会玉器作为礼器的情况。玉还被喻为人品、美德，如视玉之润喻为仁，质缜密为智，无瑕为忠，色彩美丽为诚信，并有“君子贵玉”，“君子无故，玉不去身，君子于玉比德焉”的贵玉思想。还出现了把六瑞用到葬制中，《周礼·春官司·典瑞》载“驵圭、璋、璧、琮、琥、璜之渠眉，疏璧琮以敛尸……大丧，共饭玉，含玉，赠玉”。汉代继承了先秦贵玉的的观念，王公贵族不仅生前玉不离身，死后也以玉随葬，还发展了儒家“视死如生”思想，并迷信玉能保护尸体不朽，口中含玉，尸体千年不腐。因此，汉代厚葬之风、葬玉之风盛行，西汉出现了用玉衣葬，《后汉书·礼仪志》记载，皇帝使用金缕玉衣，诸侯王、列侯始封、贵人、公主使用银缕玉衣，大贵人、长公主使用铜缕玉衣。滇王及贵族墓中随葬玉器反映了滇人贵玉、厚葬、盛行葬玉的观念与汉一脉相承。墓中随葬嵌玉兵器、扣饰、首饰等是滇人贵玉观念的表现，滇王墓中出土的未完成的玉衣，大墓中出土的“珠帘”、“珠襦”等是滇人崇尚汉制玉衣葬的表现，也反映了滇人迷信玉能保护尸体的观念。滇王及贵族贵玉的观念推动了滇人宝石业的发展，以至我们今天能通过出土的这些宝石，了解滇人当年的宝石业，欣赏滇人精美的宝石制品。

第六章　金印金鞘显富贵

——三览金银器

滇王及贵族墓中不仅出土大量的铜器、珠宝玉器，还出土了较多的金器和银器，它们同样是滇青铜文化的重要组成部分。观赏这些金银器，犹如入走进金器库一样。

金器

在石寨山发掘的86座墓中，计有12座墓出土金器220多件，另有许多难以计数的金珠和一些鎏金铜器。这一考古现象说明，能拥有金器的只是滇王及贵族。滇王及贵族墓出土的金器主要有玺印、剑鞘饰、臂甲、腕饰、发簪、镯、衣饰、鎏金器和大量珠饰等。

图83–1　“滇王之印”金印

玺印只在M6墓出土“滇王之印”金印一方（图83），此印制作精致，纽是一个圆雕的蛇，蛇身卷屈，昂首，身刻饰鳞纹。印文为汉篆白文刻字。通高2.7厘米，边长2.4厘米，重90克，大小与中原汉印相同。西汉时期，官印是一个人身份和地位的信证，此墓出土这枚官印，不仅是该墓墓主的重要身

图83–2　“滇王之印”金印

份物证，也是该墓地性质的重要物证。《史记·西南夷列传》载汉武帝元封二年赐滇王王印，复长其民，此印的出土还说明文献的记载是实。汉朝颁赐滇王王印，滇王以此为权力象征和统领滇人的信物。在石寨山墓葬中还出土两方汉文铜印，如“胜西”印、“王羊”印。这些玺印形制与中原玺印相同。据考古和文献而知，在此之前，滇池地区没有文字，滇王印和这两枚汉文印的出土说明，汉文从西汉开始在滇池地区传播，首先是在滇王及贵族中传播。这些文物不仅表现了汉文化对滇人的影响，还表现了当时滇人上层社会对汉文化的崇尚。

剑饰有剑鞘饰、剑柄饰、剑格饰、剑首饰等，以剑鞘饰为多而美丽。金剑鞘饰嵌盖于剑鞘正面，形状、大小与鞘大小相适，鞘又与剑相适。出土时，鞘饰均在剑和鞘上，鞘可能是用皮或木制作，因而鞘朽无，只存剑和金鞘饰。鞘饰的纹饰和图案各具特点，如M13:20鞘饰，整体呈一大三角形，中央有一竖折痕，两边及底边饰压印的勾连云纹，两侧饰镂孔的齿纹，顶边饰镂孔的回纹。此物长24.6厘米，宽14.4厘米，使用时，从中央折叠包于鞘上，据此长度，说明此剑是一柄短剑。M6:37、M3:55、M13:28、M71:45（图84）等鞘饰，形状略呈梯形，分为三段：上段两边饰穗纹，中央饰牛头图案；中段分为三节，每节饰城垛纹；下段边饰穗纹，中央饰圆圈纹和连回纹。这种剑鞘饰图案突出，立体感强，具有很强的地域特点。M10:18鞘饰，通长21厘米，面饰绳纹、漩纹组合图案。这是一柄短剑鞘饰。M3:63鞘饰，残长18.7厘米，素面錾四条龙形纹。M6:33鞘饰呈长条形，表面饰一长蛇食鱼图案，蛇身原嵌有绿松石小圆片，已脱落。此鞘饰长80厘米，是金器中最长的一件器物。形状相同的还有M4:51鞘饰，唯面饰镂孔勾连云纹。此鞘饰长度说明此剑是一柄长剑。M13:8鞘饰，重134克，长52厘米，由鞘

图84　牛头纹金鞘饰

图 85 金臂甲

饰而知，这也是一柄长剑。M13:21、M12:54、M12:56 鞘饰，中央有双直线，两侧压马图案，两边是曲线纹，下是菱形纹，上为回纹等图案。M12:52 鞘饰，面上压饰人赶牛图，牛前，一人右手拉着套于牛颈的绳，左手按着腰中的剑急行，牛后，数人左手按剑跟随而行。这些人耳饰大耳环，行走有飘飞之感觉。素面鞘饰边有圆孔。类似的剑鞘饰在李家山也有出土。从这些金鞘饰不难看出，其剑有长有短，图案制作美丽。

臂甲是套于手臂上的金器，既作防护，又具有装饰的作用。此器出土三件，形状略有不同。M12:28 臂甲（图 85），形状呈圆筒状，一端粗，一端略细，一侧开口，口边经卷圆处理，并有小长方孔，孔穿金条片装饰，器表光洁美丽，长 19 厘米，重 418 克，是金器中最重的一件。与之类似的器物还有 M13:42 臂甲。M13:26臂甲，是两半对合而成圆筒状，表面光洁，长也是 19 厘米。

腕饰是套于手腕上的金器，仅 M1墓出土两件，其中一件形状呈圆筒状，一端粗，一端细，细端与手腕大小相适，一侧开口，面有凸起的弦纹。另一件也呈圆筒状，器形厚重，但较短，中央凸起一道弦纹，边刻齿纹，一侧开口（图 86）。

图 86 金钏

发簪是滇王及贵族们束发的用具。有发簪和发针两种（图87）。发簪柄端圆，发端长而尖。如M3:159发簪，柄首圆，发端分叉，长16.6厘米，重达27克。M12:64发簪，柄圆而短，发端窄长不分叉，长23.3厘米，重29克。发针用金线弯曲成叉状，双叉有的并拢，有的分开。如M12:64发针，长22厘米，是发针中最长的一件，M3:159发针，长仅有11厘米，是最短的一件。

手镯是滇王及贵族们戴于手上的饰物，也是出土较多的一类金器，如M1墓出土达30只，M11墓只出有一只。这些镯成圆圈状，直径约7厘米，表面有的中间凹，并錾花，有的中间凸起呈弦纹状，但没接痕。

衣饰是缝挂在衣服或珠襦上的金饰件，有片饰、兽饰、扣饰等。片饰形状有条片、圆片、菱形片、梅花形片等。这些饰件边均有穿线的孔，孔或多或少，面有锻出或铸出的圆泡纹，出土较多。兽形状似龙非龙，似兽非兽，成对，尾卷扬达背，腰弯曲，前足伏地，张口伸舌，极富艺术性。大者如M6:11饰件，长10.5厘米，高6.6厘米。出于珠襦上，在兽的脚、尾、上唇、下唇上均有小孔，供固定用（图88）。类似的器物还有

图87　金发簪、金发针

图88　金神兽

一些小兽，大小仅有2厘米左右。扣子背有一横档，作穿缚用，形状有圆形扣、蝉形扣、梅花形扣、心形扣等。

其他饰件还有大量的大小不等的穿孔珠、葫芦形饰（图89），特别是那些细小而又穿孔的金珠，其穿孔技术令人叹为观止。这些珠饰很可能是用来制作珠襦。

图89　葫芦形金饰

鎏金器

鎏金器物是在铜器上鎏金，如鎏金骑士贮贝器上的人物。俘获人物扣饰、盘舞扣饰、猴边扣饰等也鎏金。还有许多铜泡也鎏金。在同类文化遗存的李家山还出土一件鎏金铜鼓。这些鎏金器物说明了滇人已发明和掌握了鎏金技术。鎏金器物非常美丽，特别是大件器物鎏金后，更显得格外美观和气派。

据考古材料而知，虽然滇王及贵族墓出土了大量的金器，但金器的年代较晚，说明滇人对金的认识略晚。金多是砂金矿。《韩非子·内储说》："荆南之地，丽水之中生金，人多窃采金。"丽水有研究认为即今云南的大盈江上游。这说明在战国时代，居住于这里的人们已会采砂金。《后汉书·郡国志》记载："博南……南界出金。"《华阳国志·南中志》记载"博南县……有金砂以火融之为黄金。"博南即今澜沧江东岸的永平县一带。《论衡·验符篇》记载"永昌郡中亦有金焉，纤靡大如黍粟。在水崖砂中，民采得日重五铢之金"，可见产量之大。这些记载所说到的金，都分布滇西地区，而滇人所在的滇池地区无金矿记载，滇人的金很可能是来自滇西地区。滇王及贵族墓中出土的金器反映了滇人对金的开发和利用情况。在所有滇人的墓葬和遗址中，战国及以前均无金器发现，滇人分布的地区也无金矿存在。这说明滇人在青铜时代早期、中期，还没认识金。西汉始，滇人墓葬中出土了大量的金器，特别是滇王及贵族墓葬中出土大量金器，说明滇人这时已开始有大量的金器，滇人炼金、加工、贴嵌等技术已达到了很高的水平。滇人炼金水平可由五个方面得以说明。一是金的纯度高。出土的金器有相当部分色偏红，至今仍光彩夺目，无一点锈迹，说明这种金的纯度高。经化学成分检测，多数金器的金含量在90%以上，只有少数低于90%。二是一次性炼金量大。出土器物中有大件器，如臂甲、腕饰，有的重量达四百克以上，这反映了滇人一次性熔金量较大。三是加工技术多样。出土器物有铸、锻压、错嵌、磨、鎏等，技术算是齐备。四是器类多。有剑鞘饰、臂甲、腕饰、镯、簪、发针、珠饰、片饰、鎏金器物等，有的种类至今仍在使用。五是图案丰富有趣。既有锻压的圆圈、三角、回纹等几何图案，又有锻压的牛、人、蛇图，还有铸成的兽、花件等。特别是人物图，不仅表现了滇人的形态，还表现了人的活动，更显有趣。滇人对金的开发和利用也作出了自己的贡献。

滇王及贵族墓出土的金器不仅器类丰富，而且数量大，如M6滇王墓，仅饰于珠襦上的金珠饰就有7000多克；又如M1墓，仅金手镯就出土30只。M3、M4、M12、M14四座墓就出土金鞘饰35件。《后汉书·西南夷列传》中说滇人有“金银畜产之富”，这不是什么夸饰。但是，这些金器只有滇王及贵族们才拥有和享受，而一般的滇人无金器。大量的金器发现于少数墓葬中，由此可见滇王及贵族的富贵程度。

出土的金器和鎏金器还反映了滇人对金的观念。这些观念主要有三个方面。一是视金为贵。在自然界中，金虽以自然金状态存在，但其颗粒小于一百微米，而且只有脉金矿和砂金矿才有开采价值。因此，自古以来，金因稀少和采集难，就被人们视为珍贵之物。滇人所用之金，均是用于珍贵之物，显示了滇人视金为贵的观念。二是视金永存。金具有很好的防腐性，长期使用，不会生锈腐烂。滇王及贵族墓中出土的金器，在地下埋藏了两千多年，至今仍光彩夺目，这是所发现的当时其他金属均不能与之相比的。滇王及贵族用大量的金制作成珠，与玉、玛瑙、绿松石珠串成珠襦。有的铜器上鎏以金，如鎏金扣饰，鎏金人物。这些器物反映了滇人视金永存，能护尸体不腐的观念。三是用来悦目。金具有美丽的黄色光泽，无论饰在器物上，还是佩在身上，均能增加美感，使人观之，格外赏心悦目。因此滇人把金用来制作饰件，如衣饰、首饰，剑鞘饰等。这些器物反映了滇人视金为美丽的观念和崇尚金的思想。

银器

石寨山墓地出土的银器较少。虽然出土银器少，但也不乏精品，如M7:72带扣，是一件银质器物，形状呈长方形，与今天的带扣相同，正面压出的纹饰为一飞虎，虎双眼嵌红玛瑙，身嵌绿松石片（图90）。M12:141钺形器，是银制作而成，形状呈钺形，中部一竖脊将其分为两半，每半有四个圆，圆中心嵌以金，是一件错金器物。滇人错金银器物出土虽较少，但仅从少量的遗物中就可见滇人制作银器的技术已达到了一个较高的

图 90　飞虎纹银带扣

水平。其他器物还有一件银盒。

滇人对银的认识略晚。银在自然中，很少以自然状态存在。据目前发现而知，与铅、锌矿共生的硫化银矿为多，其次还有与方铅矿共生呈颗粒状的银矿和纯银辉矿，而纯银辉矿产于石英脉中，此矿种仅发现于云南双柏县石羊厂。这就是说要得到银，必须采矿冶炼。银呈白色，柔软性好，比重较轻，自人们发现它以来，与金同样作珍贵的饰品。《汉书·地理志》载“律高……东南盺町山出银……贲古……西羊山出银”。《后汉书·郡国志》记载“双柏出银”。青铜时代，居住于这里的人们就已发现了许多产银的矿点，丰富的矿藏为人们认识银和利用银提供了条件。滇人地区考古出土的银器年代较晚。石寨山出土银制品 M7∶72 银错金带扣和 M12∶141 银错金片饰说明，滇人至迟在西汉中期即掌握了对银的冶炼技术，不仅能对银进行提炼，还能进行合金冶炼，以改变器物的色泽和性能。到了西汉后期，滇人的银发展成为全国享有盛名的“朱提银”，以致成为王莽货币改革中的“银货二品”。直到今天，云南仍是产银的主要地区之一。

金银器的制作技术

从出土金银器而知，滇人工匠对金银器的制作技术有模铸、模锻压、錾、鎏金、错等。

模铸金器出土也较多，如神兽、葫芦形珠饰，表面粗糙，大小相同，个别有沙眼，这些器物是用模铸造。这种方法既方便又省时，只要把模做好，就可铸出很多相同的器物。

用模锻压制成的器物，规格相同，纹饰相同，可大量生产。石寨山出土的金剑鞘饰件，特别是牛头纹鞘饰、几何纹鞘饰，规格相同的有数件，而且器薄，说明这种器物是金片用模锻压而成，金片也是锻作而成。这些器物反映了这种方法是滇人使用较多的方法之一。

錾主要是用于花纹的制作。在出土的部分金片和手镯上，有各种未钻通的小圆点图案，这就是使用錾的技术制作而成。

鎏金技术主要使用于部分青铜器物。如俘获扣饰、乐舞扣饰，有许多表面色彩金黄的泡钉等，这些器物是采用鎏金技术加工制作而成。鎏金的原料主要是金和水银混合物，《考工记》记载称为“金汞齐”，使用时，把这种原料涂于青铜器表面，经加温，水银就挥发，金就粘附于青铜器表面。滇青铜器中此类器物的大量出现，说明滇人已掌握了鎏金技术。

贴嵌就是在器物的表面铸或刻成具有沟槽的纹饰，然后在其中嵌入宝石或其他金属片，再经打磨抛光。如M7:72银带扣，呈长方形，其上饰虎图，虎眼嵌玛瑙珠，身嵌绿松石片。M2:141银片饰，左右两边各饰四个圆，圆中嵌金片，这是滇人错金银的代表作，说明滇人的镶嵌技术已很高。

滇人制作金银器的技术在今天的云南少数民族工匠中仍可见到，这不仅反映了这种技术的流传源远流长，还反映了这种技术的强大生命力。虽然时代已进入了21世纪，这些少数民族工匠们仍在使用这些传统工艺技术，制作富有民族特点的金银器，看到这些，不能不使我们对两千多年前滇人制造的这些精致的金银器叹服。

第七章　青铜器与农牧业

——议青铜器反映的农牧业

滇王及贵族墓出土的青铜器向我们展现了当时滇国发达的农业、畜牧业、手工业和交通贸易等。

农业

青铜时代，农业是人们衣食的主要之来源，因而滇人很重视农业。这可从水利、农田、种植方面得以说明。水利建设与水养殖业是滇人农业的重要组成部分。《后汉书·西南夷列传》载“王莽乱政……以广汉文齐为太守，造起陂池，开通灌溉”。《华阳国志·南中志》载“先有梓潼文齐，初为属国，穿龙池，溉稻田，为民兴利”。陂池即建于山坡上的水池，今之水库。穿龙池，即引泉水。由此可知，西汉末年，滇池地区已会修造水库。在滇青铜文化其他遗存中出土的青铜时代末期的陂池水田模型与文献记载相吻合，说明滇人已很重视水利建设。《后汉书》说文齐为广汉人，《华阳国志》说文齐为梓潼人，不论怎么说，文齐为今之四川人，他从今四川来滇任益州太守，为民兴利，造陂池，云南始有陂池，说明陂池是内地先进水利技术与云南自然条件结合的产物，它为当时的云南经济发展起到了积极的作用。滇人大规模水利建设当是从设益州郡以后开始。

云南地处低纬度热带亚热带高原地区，雨水主要集中于夏秋两季，在春播、育秧季节，气候多干旱，有时因干旱不能播种育秧的状况在今天也仍存在，所说的雷响田、雷响地，就是这种状况的真实写照。在作物生长、打苞、灌浆的季节，也时有发生干旱的现象。在山脚与湖泊或盆地的连接区，坡积尤为发育，但地下水位低，地表干燥，雨水易流失，也不利于农业生产。多雨时，低地积水成涝，淹没庄稼。干旱时，庄稼枯萎。干旱或水涝的出现，都会造成收成下降，威胁着人们的生存，人们在长期的生产实践中，总结经验，选择了山沟、箐塘蓄水，干旱时以解禾苗用水，涝时以蓄水减涝，这种建于山坡上或高地上的水池，汉代称为陂池，也就是今天人们所说的水库。修建水库反映了滇人对水利的重视。

水库的兴建带动了以水库为基础的水产养殖业的发展。滇人的养殖有鱼、鸭、藕等。滇青铜文化遗存中出土的陂池模型中的鱼说明滇人已会利用水池和稻田养鱼。鱼是人们生活中的肉食品之一，因此，出土青铜器中表现鱼的文物也较多。如M10:52鱼杖首，鱼长17.5厘米。M12:143 两件鱼杖首，鱼长26.2厘米。在出土的铜斧中，有八件为鱼尾式，身上饰鱼鳞及鱼尾纹（图24－1）。M13:186铜镰，在其刃叶上刻饰蛇吃鱼图案。M12:12两件戈，在銎上中央饰有一条鱼，两只水獭相向而视，对鱼欲争（图19）。青铜时代人们对鱼的刻画如此精致，说明了鱼在人们生活中的位置及人们对鱼的观察之深入。青铜时代滇人是怎样捕鱼的呢？此时，除人们已掌握了网捕和钩钓外，滇人已会驯养水鸟捕鱼，因而也有以水鸟为题材的器物。如M1墓出土的一件铜鼓，鼓身饰船纹六组，船内有羽人，船头立两鸟，此两鸟是水鸟（图60－2）。M13:10扣饰，表现的是三只水鸟引颈而立，在其脚下有两条鱼（图76）。M21:23扣饰，表现的是一长喙水鸟，正啄一条鱼（图77）。M6:106钺，在其銎上饰一圆雕水鸟食鱼。同样的器物还有M6:66、M7:69、M13:154等。由这些器物可看出，凡捕鱼之鸟，皆长喙，颌下有一囊袋。饰水鸟也就必饰鱼，有的人、船、鸟、鱼同在。因此，推测这时人们已会驯化水鸟捕鱼。由此可见，驯化水鸟捕鱼的历史源远流长，至少不晚于战国西汉时代。用水鸟捕鱼，在我国南方的一些省区至今仍可见到。滇青铜文化后期遗存中出土的陂池模型中的鸭、荷叶或荷花说明滇人也会利用水池养鸭、栽藕。

滇青铜文化晚期遗存中出土陂池水田模型还反映了滇人重视农田建设。如渠在田中，田整齐地排列于渠两边，这种状况是对农田建设重视的结果。只有对农田建设重视，才有可能兴修渠道，平整水田，并使之整齐划一，便于管理。有了水库就有了水，为人们开垦坡地，种植水稻创造了条件，人们一是可以把原来的坡地变为水田，二是可以新垦梯田。《后汉书·西南夷列传》载，文齐为益州太守，造了陂池，“垦田二千余顷”，可见垦田规模之大，所垦之田都是因造了陂池，可见陂池对垦田的促进作用。陂池建于山坡，所垦之田也当为梯田。出土陂池水田模型还说明滇人的梯田至迟始于西汉末。垦田的扩大，农业收入增加，可屡世富庶，难怪滇人希望死者能像生前一样地拥有陂池、水田，故做成模型与之随葬。

垦田的扩大，推动了作物的种植。从出土文物可知滇人的种植作物有水稻、麻、桑等。水稻是滇人的主要粮食作物。云南大部地区均可种植水稻，对于云南人来讲，种植水稻的历史可以上溯到新石器时代，历史悠久，自然也就积累了一定的经验。青铜时代，水稻也仍是滇人的主要种植作物，它为滇人提供粮食之源。1998年11月，对石寨山以西的古环境研究发现，西汉至东汉时期，稻谷花粉特别浓。这一测试结果说明，青铜时代居住在滇池湖畔的滇人，也种植水稻，水稻当是人们种植的主要作物之一。滇人种植的水稻产量也较高。M12墓出土的鼓形贮贝器（M12:1），器身饰入仓图，仓左右是用圆木构成，仓顶有立鸟三只，仓旁有一只母鸡领着一群小鸡正在啄食撒于地上的粮食。房右放有箩筐，运粮者分为上下两行，上行左边一人正从屯中取出粮来传给其下的人，右边一人正在接取运来的粮筐往仓中倾倒，中间者正用头顶粮筐往返于其间（图56－1）。滇人收获的水稻贮存于粮仓中，反映了滇人水稻的收成当有一定数量，同时也展现了滇人对粮食的保存方法。这幅图是一幅农事图，图中人物均是妇女，她们头梳发髻，穿短衣，跣足，由此可见当时滇人的农业当主要由妇女承担。除水稻外，滇人种植的粮食作物可能还有粟、豆等。

《后汉书·西南夷列传》载“西南夷……其人皆椎结左衽”，《华阳国志·南中志》载“永昌郡……有蚕桑，绵绢，采帛，文绣，有梧桐木，其华柔如丝，民绩以为布，幅广五尺以还，洁白不受污，俗名曰桐华布，以覆亡人，然后服之及卖与人。有兰干细布，僚言绌也，织成文如绫锦，又有毯旄，帛叠……太守著名绩者”，“云南郡……亦出（桐）华布”。由此记载可知，滇人种植的经济作物有麻、桑等。M17墓出土一套织布工具（图16），有卷布轴、分经棍、打纬刀、卷经轴。由此工具推测，当时所织的布其宽度约45厘米。这套织布工具与云南现代苗族、傣族等少数民族用腰机织布的工具相似，所织布宽度也同现代一些少数民族用腰机所织的布宽度相近。苗族用此工具所织的布是麻布，此工具发现于贵族墓中，说明滇人当时也织麻布。在出土的长方形扣饰中，有几件还粘有粗麻布片，实物说明滇人也织麻布。织布工具在同类遗存江川李家山墓地有四座墓出土。说明织麻布在滇人中很普遍。出土的织布工具和出土的麻布片说明滇人已会种麻，并用麻制作纺织品。文献记载中的兰干细布、绌，即是麻布。

在滇王及贵族墓中还发现一些丝织物，有的粘附于铜镜上，有的粘附于扣饰背上。在同类文化遗存的江川李家山M23墓（大墓）中出土的针线筒和针线盒内保存的细线，经中国社会科学院考古研究所技术室化验，此线系蚕丝所制，出土的串珠饰的线也是蚕丝线。这些丝制品说明滇人已开始享用丝制品。这些丝制品仅出于贵族墓中，使用可能也仅限于贵族范围内。但是，滇人什么时候开始会养蚕、抽丝、织布，文献无记载，文物没有表现。《史记·西南夷列传》载“夜郎旁小邑皆贪汉缯帛，以为汉道险，终不能有也”。文中所说缯帛是丝织品。夜郎旁的这些“邑”王贪汉缯帛，说明西汉初期，这些君邑还不会养蚕、抽丝、织布。滇在夜郎西，说明滇在西汉初期，也不会养蚕、抽丝、织布。滇王及贵族墓中出土的丝织物当是来自于内地。到了青铜时代末期，文献中出现云南有蚕桑、绵绢、采帛、文绣的记载，说明滇人此时已学会栽桑养蚕抽丝织布。

青铜时代，滇人利用植物纤维织布以解决衣着问题，这在出土遗物中也有表现。M1墓出土一件饰纺织场面铜鼓形贮贝器，其上表现的是一组人物以腰机作织布状，同样的器物在1992年江川李家山墓地发掘中也出土一件。纺织工具和纺织人物场面表现了滇人纺织的情况和规模。在奴隶主家中，纺织已发展成作坊式生产。丝、麻织品柔软，人们可以整块挡胸，从左边开脱，故左衽，而穿皮只能对开或披于肩上。这些情况在青铜器物上的人物造型中可见，由此而知种桑、麻也是当时农业的重要内容，它是人们解决衣着之物的原料。

青铜时代的初期和中期，滇人农业生产中使用的工具主要是青铜锄和镰，这种工具说明此时的滇人农业是一种锄耕镰收的农业。到了后期，内地已普遍使用铁生产工具，在滇池地区也有铁生产工具出土，如铜柄铁刃镰，这表明滇人也开始使用铁生产工具。

随着内地牛耕技术的传入，滇人也开始使用牛耕，以提高生产力。《华阳国志·南中志》载“亮收其俊杰建宁爨习，朱提孟琰及获为官属……出其金、银、丹、漆、耕牛、战马给军国之用”。《三国志·蜀志·李恢传》载赋出叟，濮耕牛、战马、金、银、犀革充继军资，于时费用不乏”。这两条文献虽说的是蜀汉建兴三年（公元225年）云南出耕牛的事，说明早在此之前的西汉末，滇人已使用牛耕了。牛是云南的一大畜产，以前主要用于食肉，青铜时代末期，也开始驯化牛耕田犁地，滇池地区耕作技术已进入了牛耕镰收阶段。

畜牧业

滇王及贵族墓出土文物反映滇人的畜牧业也很发达。《史记·西南夷列传》和《汉书·西南夷列传》载，始元年间（前86～前80年），益州民反，遣军正王平与大鸿胪田广明等并进，大破益州，获畜产十余万。《后汉书·西南夷列传》称益州有“盐池田鱼之饶，金、银、畜产之富，人俗豪太。居官者皆富及累世”，在石寨山出土遗物中，以牛、马为主要题材的器物更是突出。文献和考古材料均说明，青铜时代滇人就以饲养家畜而闻名于世，这是滇人发展畜牧业的结果。滇人饲养的家畜有牛、羊、猪、狗、马、鸡等。

牛是滇人肉食的主要来源，也是滇人的财富，因而也是饲养的主要家畜。出土文物中以牛为装饰题材的器物也特别多，在约五百多件动物题材的器物中，以牛为主题的就达两百多件。在石寨山出土的房屋扣饰上可见滇人在屋檐上挂有牛头。在饰品及器具中，以牛头为题材；贮贝器及其用具上，以牛为图案，几乎牛是无所不见。滇人的牛主要为牧养。M10:28器盖上，饰有一圆雕牧牛人物，器盖呈圆锥状，一人负笠帽，手持牧杖坐于尖顶，好似坐于山顶之上，周围有倦卧的牛3条，好似牧饱的牛在休息。由此可知，当时人们是把牛赶到野外的山坡上放牧。M12:2铜鼓形贮贝器上，在其胸部刻饰牧畜图，上列是一人牧12头牛（图54－2）。这些饰图均反映了滇人牧牛的情况。白天人们把牛赶出放牧，晚上则把牛赶回圈于楼下。M13:259、M6:22、M3:64等屋宇扣饰表现的房屋是两层楼，在楼屋下层均圈着牛、马等牲畜，楼上居住人，这种房屋类似今天傣族居住的竹楼，现在人们称此为杆栏式房屋。现存云南少数民族中，仍保留此类房屋，其楼下也是圈生畜。人们饲养牛，也用牛来祭祀。M12:26贮贝器上所饰祭祀场面圆雕中，有两人杀牛圆雕一组。M3:64屋宇扣饰上，房柱上挂有牛头，楼道栏板顶上放有牛腿。M6:22屋宇扣饰上，楼道的栏板上也放有一牛头。这些都说明，每逢喜庆或祭祀的节日，人们均要杀牛祭祀，吃牛肉。人们用牛祭祀，必须把牛拴好，然后杀死，在出土器物中也有表现滇人剽牛的文物，如M6:30五人缚牛扣饰，一人拉绳拴于柱上，一人抱绳，二人按牛背，一人拉牛尾，可见当时人们缚牛，是用绳把牛拴于柱上，再进行剽杀（图69）。由此可见，当时人们拴牛是系牛颈。有时遇到野性大的牛，当然需用更多的人来缚。M13:262扣饰，表现的是九人缚牛。在重大喜庆活动中，滇人还进行斗牛活动。M7:33扣饰，展现了这一活动的一个侧面，一长方形的高墙，中间有一道门，门两旁各蹲着五个头部饰长羽的人，他们密切注视着门，门开着，正进来一头牛，门顶蹲着一人，作正要关门状，墙上坐着一排人，计11人，作观看状。从这个场面看，坐墙顶之人是观众，墙下饰羽之人是斗牛之人，正作欲斗状。门顶之人是掌门开关之人，他正作注视进来之牛的姿势。这件扣饰表现的内容是斗牛入场状况。类似的器物还有M3:140（图70）和M6:41扣饰。斗牛活动在今天云南的一些地区一些民族中仍保留着。牛还是交易物。M13:2贮贝器上，饰有一组圆雕人物赶集场面，人们赶着牛，牵着马，背着什物，一副前往集市的场面。牛赶往集市，必然是进行交易。牛在战争中也是掳掠的对象之一。M13:109扣饰上，表现的是这一状况，前边一武士，身着铠甲，左手提一人头，右手拉着一绳，绳端系着背负小孩的妇女，其后随一牛二羊，最后是一武士，左手提一人头，右手持武器于肩上。此扣饰表现的是掳掠归来，武士们押着俘获的人、牛、羊回归的场面（图72）。牛也是食肉野兽袭击的主要对象。出土器物中也有很多表现。M12:38扣饰，表现的是一大虎，用前足反背勒住牛腰于自己背上，并负牛而行，旁随幼虎两只，虽有夸张之势，但表现了虎噬牛的惊人场面（图74）。M13:258扣饰，表现的是三狼噬牛的场面，一狼趴于牛背上，前足抓牛臀，一狼于牛腹下噬牛右后腿，一狼抱牛右前足，噬牛腿。到青铜时代后期，滇人还学会了驯牛耕田犁地。出土文物中所见滇人的牛均有较高的峰，双角细而向前，这种牛与今天云南迪庆州一带牧民饲养的犏牛相似。

羊也是滇人饲养的主要家畜之一。以羊作装饰题材是滇青铜器上常见的内容。羊的饲养，出土器物中也有表现。M12:1鼓形贮贝器上，在下层盖的中央，饰有线雕图案，图中有三人赶六羊三犬，这六羊下颌有胡须，外圈饰四人赶十一羊，此十一只羊是绵羊（图56－2）。由此可看出，羊如同牛一样，也是牧养。M6:22屋宇扣饰上，在其房屋的楼下，也有一只羊，此说明，羊也是圈在楼下。羊的用途主要有三：一是用来作祭祀和提供肉食。M12:26饰圆雕杀人祭祀场面的鼓形贮贝器上，其中有杀羊者，说明羊也是用来祭祀，然后被人们所食；二是用羊皮制作衣服，出土遗物中的人物造像穿对开衣饰，这当是羊皮，羊皮比牛皮软，在加工技术不很高的情况下易于制作；三是用毛作纺织原料。虽无文献记载，但滇人所饲养的羊中有绵羊，绵羊的主要用途是提供羊毛，证明人们当时已能用羊毛纺织和制作毛制品。羊还是食肉野兽袭击的对象，在其他滇青铜文化墓葬中还出土有表现此类情景的扣饰。

猪是滇人饲养的家畜之一，也是滇人装饰的题材之一。M3:92、M3:149、M7:8、M13:174、M13:214等戚上，均饰有圆雕猪。M12:1鼓形贮贝器，在下层盖面的外圈，除饰四人赶羊十一只，还饰猪八头（图56－2）。这件文物说明猪和其他家畜一样，是牧养。M3:64屋宇扣饰，在其楼下左端有一猪。M6:22屋宇扣饰上，在楼下的畜禽中也有一猪。M13:259屋宇扣饰上，楼下有猪两头。这几件器物表明，猪同其他家畜一样，也是圈于楼下。猪的用途是用来祭祀和为人们提供肉食。M3:64和M6:22屋宇扣饰上，在其楼道的栏板顶上所置食品中有猪腿。M1墓出土鼓形贮贝器上，所饰祭祀场面中有一猪头，表现的是用猪祭祀的情况。在青铜时代，滇人除饲养家猪外，还猎获野猪。M13:191鎏金扣饰，表现的是一骑士追猎一猪，猪在马的前面狂奔，骑士和犬在其后紧追。据此器物似可做如下推测：一是当时人们可能也把家猪放于野外，时间久之，猪的野性增强，人们不易逮住，则采取猎取的办法；二是当时此地确有野猪，它也是人们猎取的对象。猪也是肉食动物猎取的对象。M7:31扣饰，表现的是一只小虎扑于猪背上，噬猪颈，猪作挣扎状，下面有一条蛇，口咬猪蹄。M3:67A扣饰，一大虎扑于猪背，前足抓猪肩，后足抓猪右后腿，张口欲噬猪。另一虎于猪腹下，口噬猪大腿，前足抓猪腹和猪腿，尾被猪咬住，表现的是二虎噬猪的情景。M10:4扣饰，一豹扑于猪背，噬猪颈，另一豹被猪撞倒，但仍回头张口，举足欲噬猪，表现的是二豹噬猪的情景（图75）。M12:11B戈，在銎上饰圆雕猪和豹，二者对视，作欲斗状。由这些件文物可见，当时能猎食猪的动物只有豹和虎。

狗是人们最早驯化的动物，也是滇人饲养的主要家畜之一。出土遗物中没有关于狗的饲养情况的内容，但却展示了狗的用途。M3:64屋宇扣饰，在其楼右的走廊上的人群中有一蹲犬。M6:22屋宇扣饰，在其楼上的正面窗下的铜鼓旁，卧一犬。M13:259圆雕扣饰，在楼下正面也有一只犬。这三件器物中的狗均在房屋前，说明狗的用途之一是用来作看守用。M12:26贮贝器盖上，在所饰圆雕祭祀场面中，圆柱旁也有一只卧犬。M12:2贮贝器盖上，在腰部所饰出巡图中，其中有三条犬与人相随，犬张口伸舌，跟在人后（图54－3）。M20:1贮贝器，盖上饰圆雕祭祀场面，在一扛锄的人后也有一犬相随（图49）。M1出土的贮贝器，在其盖上所饰纺织场面中，在人群旁也有犬一只。这三件器物表明，犬的用途之二是随其主人，必要时可作为帮手。M12:1贮贝器，在其下层盖上所饰牧畜图中（图56－2），饰三人赶六羊，前有三犬。此器物表明，狗的用途之三是用来帮助人们放牧。M17:14扣饰，表现的是六人持矛刺一虎，两人被虎践地，有两犬噬虎背。M3:69B扣饰，表现的是一人三犬猎鹿的场面。M13:191扣饰，表现的是一人骑马追猎一猪，猪于马前狂逃，骑士及一犬紧追其后。这几件扣饰说明，狗的用途之四是用来进行狩猎。

马是青铜时代滇人饲养的主要家畜之一。滇人对马的饲养同牛一样，主要是牧养。M6:22屋宇扣饰，在楼下拴有马一匹。M13:259屋宇扣饰，在其楼下也有马两匹。M12:2鼓形贮贝器，在其胸部饰有牧畜图案，其中一组为一人牧马十七匹（图54－2）。晚上，马同牛一样，赶回圈于楼下。M3:64房屋扣饰，在其房屋的楼下拴有马两匹。马是否用来食用，文献中无记载，出土器物也未见表现。马的使用概括起来有二：一是用来骑乘代步。M10:53贮贝器，在其盖上饰有圆雕骑士，人通体鎏金，周饰立牛四头，此表现的当是骑马牧牛情景（图52）。M13:191扣饰上，是一骑士正骑马追猎一猪，猪正在其前面狂逃，此表现的是骑马猎猪的情景。M13:356贮贝器上，盖上饰圆雕战争场面中，其中有一人，头戴盔甲，身着战服，骑一战马，左手控绳，右手持矛向下刺，此表现的是骑马作战的场面（图51）。M6:1叠鼓形贮贝器，盖上饰圆雕战争场面，其中有马五匹，有四匹有人骑，一匹上的人已落下，表现的内容也是骑马作战的场面（图50）。M6:13扣饰，一骑士正御马急行，犹如当年的驿骑，此当是骑马送信。这些说明，在滇人中，马首先是用来作代步的工具。二是用来运输。滇人所在的地区，山高水险，自然车的发展就受到限制。秦代李冰所开五尺道也只能让马行走，至于部分地段的栈道，马行走起来也较困难，考古和文献记载情况说明当时滇人地区没有车，那么滇人与内外的贸易是靠什么运输呢？是马。蜀产的丝，中原产的铜镜、弩机，南海产的贝、珊瑚，这些千里之外的物品，就是靠马驮运。当时已有一支专门从事长途运输的马队，现在云南人称为马帮。马帮运输为云南的经济和文化交流做出了较大的贡献，直到现代交通工具火车、汽车、飞机出现以前，马帮仍是云南人的主要运输方式。在现代交通工具发达的今天，在云南山区，马仍是主要交通工具。可见青铜时代形成的马帮运输对西南边疆文明进步的贡献。滇人饲养的马身材矮小，有长鬃，与今天的云南马相似。今天的云南马当是由滇人饲养的马繁衍而来。这种马负重力大，耐久力长，行走灵活，不择道，速度快，所以，可作长途驮运。这种马是滇人在长期饲养中培育出来的优良品种，它反映了滇人养马业的发达。《史记·大宛列传》中说，张骞在今印度见到邛杖和蜀布，这些物品是从滇人地区过境，最后进入印度、巴基斯坦一带。这记载说明，在西域丝绸之路形成之前，已存在一条经滇、昆明地区到达印度、巴基斯坦一带的民间贸易通道，这条路现在被誉为“南方丝绸之路”，运输这些物品的也是被誉为高山之舟的马，马在对外贸易和交流中发挥了重要作用。

鸡是滇人饲养的主要家禽。出土文物中也有表现。M1出土的纺织场面贮贝器，其上也有鸡一只。M12:1鼓形贮贝器，在其腰部所饰入仓图中，仓房旁饰一母鸡和一群小鸡在啄食（图56－1）。这两件器物表明，滇人的鸡是放养。

兔是否被滇人驯养，目前没有足够的证据证明。但出土器物中却有兔的内容。如M19:2杖首上，也饰圆雕兔。T5:4扣饰，表现的是两兔中间饰一蝙蝠。M13:292和

M12:6两件铜斧銎上也饰圆雕兔。

由出土的这些文物而知，滇人饲养的家畜已是六畜俱全。家畜不仅是人们的肉食资源，而且是生产力的一个方面。如用牛耕地，用马运输等。因此家畜的饲养及饲养量的多少，已成为当时家庭贫富，社会成员贵贱，国家强弱的标志。即使在今天，人们对肉食品占有的多少，也是衡量一个国家经济水平的重要条件。滇人发达的畜牧业表现了滇人强盛的经济实力。

手工业

出土文物还反映了滇人的手工业。当时的手工业主要有青铜冶铸、制陶、纺织等。滇王及贵族墓出土大量的青铜器说明滇人的青铜手工业很发达，青铜的生产具有一定的规模，从采矿、冶炼到铸造，形成了一定的规模，并且是专业化生产。熟练的雕塑工匠做出各种器物的模型，范工制成范，铸工再进行铸造。有的器物铸好后，还在表面刻上图案。在滇池周围至今还未发现冶炼遗址和铸造遗址，对滇冶金的研究还有待于考古发现。

陶器在滇王及贵族墓中出土少，在小墓中较多，说明陶器是平民的日常生活用品，而制陶业也主要是为平民而做。出土的陶器有的温度较高，可能是用窑烧制。

纺织工具和饰纺织人物场面的贮贝器表现了滇人纺织已发展成家庭作坊式生产，这种作坊有十四五人，他们在奴隶主的监督下进行劳动。如M1墓出土的饰纺织场面贮贝器，其上织布者有六人，奴隶主坐于中央，监督着这些织布者劳动。一般平民可能还是自给自足纺织。

交通与贸易

滇池地区处东南亚半岛北部，是南北文化和物质交流的通道地区。据文献记载，当时与内地的贸易主要存在两条商道：一条是蜀——滇——夜郎——南越道，也称“东越道”。《史记·西南夷列传》载“秦时常頞略通五尺道，诸此国颇置吏焉……及汉兴，皆弃此国而开蜀故徼，巴蜀民或窃出商贾”，“建元六年……令唐蒙风指晓南越……乃拜蒙为郎中将，将千人，食重万余人，从巴蜀作关入，遂见夜郎侯多同，蒙厚赐，喻以威德，约为置吏，……发巴蜀卒治道，自僰道指牂柯江”，“南越食蒙蜀枸酱，蒙问所从来，曰：道西北牂柯，牂柯江广数里，出番禺城下”，“独蜀出枸酱，多持窃出市夜郎……南越以财物役属夜郎，西至同师，然永不能臣使也”。这条道始开于秦，秦纳蜀后，李冰任蜀郡太守，即开通了由成都到宜宾的五尺道。秦统一全国后，常頞就继续开凿此道，并由宜宾到达滇人地区。西汉时，唐蒙又重开此经四川——滇——夜郎到达南越的贸易交通道，故称为“唐蒙道”或“东夷道”。这条道就是沿今天的南盘江，最后进入广东的珠江到达番禺（广州）。再一条商道是蜀身毒道。《史记·西南夷列传》载“及元狩元年（公元前122年），博望侯张骞使大夏来，言居大夏时见蜀布、邛竹杖，使问所从来，曰：从东南身毒国，可数千里，得蜀贾人市，或闻邛西可二千里有身毒国”，后王然于、柏始昌、吕越人等出使身毒至滇，“滇王尝羌乃留为求道西十余辈”，同书《大宛列传》说：“然闻其西可千里有乘象国，名曰滇越，而蜀贾奸出物者或至焉，于是汉以求大夏道始通滇国”，大夏即今阿富汗，身毒即今印度等国。汉初，汉朝为求大夏道，与滇人就有了使者关系，滇王曾留汉使者十余人，以求通身毒道，由于昆明人阻隔，一直未正式形成官方交通道，但民间贸易道早已存在。此时官道已由司马相如开至今四川西昌，此道后人又称为“西夷道”。

对东南亚的交通贸易的开发，滇人也做出了贡献。当时的贸易路线主要有东南沿海，越南、柬埔寨、泰国，印度等3条。滇降汉后，昆明也降了汉，汉在滇设立益州郡，东夷道和西夷道经滇池于大理会合后，再经永平——保山、潞西，从瑞丽、腾冲一带出境。汉时永平为博南县，故后人称此道为博南古道。这两条通道当是滇文化交流、贸易的主要通道，交通、贸易加快了滇文明的发展，在西汉末期，滇青铜文化的消失和铁器的大量出现，促进了滇人社会的封建化，这不能不与交通和贸易有关。

在滇人墓葬中出土有铜钱和大量海贝，说明在滇人中已存在货币交换的贸易，但也可能还存在物物交换的贸易。在贸易中，出滇物品首先是铜，而且早在商代，滇人的铜就通过贸易通道进入商朝都城。近年的研究，可能还进入柬埔寨和泰国。除了铜外，还有金、银、畜产和奴隶。有的物品如铜、金、银、锡等金属，至今仍是出滇物品的主要品种。从北部进滇的物品，出土文物中有兵器、丝织品、铜镜、兵器、钱币等。《史记·西南夷列传》记载："夜郎旁小邑皆贪汉缯帛，以为汉道险，终不能有也"，滇当时在夜郎旁，也是小国。汉时滇人不会栽桑养蚕纺丝，在贸易进滇物品中也有蜀汉缯帛。滇王及贵族墓中出土的玉器，经测定，其中的软玉当是产于新疆的和田，此表明滇人还从西北进入软玉。从南部进滇的物品中，还有产于南部沿海的贝。"南越以财物役属夜郎，西至桐师"，桐师即今云南保山一带。滇人的贝，其中有的可能是来自南越，有的可能是来自泰国、印度一带。1987年在四川广汉三星堆遗址的发掘中，也出土了贝，这些贝有可能是通过滇人地区转运进入。在进滇物品中，有的可能是滇人直接购入，有的可能是通过商人转运进来。滇人除直接运入外地物品外，还学习先进的加工和生产技术。1976年新疆社会科学院考古研究所在帕米尔高原发掘的M10墓中出土了一件春秋战国时期蚀花玛瑙珠，为黑白相间，长2.6厘米，直径0.8厘米，大小纹饰与晋宁石寨山出土的相似，类似的宝石在泰国也有发现。滇人遗存中出土的蚀花珠，当是滇人自己制作，其技术有可能是从外地传入。

滇人物品出入和贸易物品过境是通过什么方式运输的呢？在当时的舟济、车运和马驮三种方式中，滇人可能以马驮为主，而且当时已存在专门从事以马进行长途驮运的马帮。其次是用船运，这种方式只限于湖泊地区和河流较为平缓的地段，出土文物中见到的交通工具也有船，如铜鼓和铜鼓形贮贝器上的船纹，但这种运输方式有限。车在滇池地区可能还没有出现，考古中也没有见到反映车的文物。

物品的交换或贸易，不仅仅互通了有无，还带来了商品的文明设计思想、先进的制造技术和高雅的欣赏方式等等，这对于促进社会的进步和科技的发展起到了人们所没有意识到的作用。青铜时代形成的南方丝绸之路，对滇青铜文化的发展起着重要的促进作用。交通贸易的发展，也促进了滇人社会的进步。

第八章　滇国滇王与滇文化

——滇国的发展与中原青铜文化的影响

看了墓地，观赏了出土的精美的随葬品，了解了滇人的农牧业，再说说滇国、滇王与滇文化。

滇国与滇王

滇是古代少数民族建立的王国。见于最早的文献记载是西汉司马迁的《史记·西南夷列传》。“西南夷君长以什数，夜郎最大；其西靡莫之属以什数，滇最大；自滇以北君长以什数，邛都最大；此该椎结，耕田，有邑聚。其外西至桐师以东，北至叶榆，名为巂、昆明，皆编发，随畜迁徙，毋长处，毋君长，地方可数千里”。滇池“方三百里，旁平地，肥饶数千里”。“滇王者，其众数万人，其旁东北有劳浸、靡莫，皆同姓相扶。”由这些记载而知，古滇国位于以滇池为中心的地区，在滇周围，北有邛都，西有巂、昆明，东北有劳浸、靡莫，东有夜郎等方国。滇国始见于西汉文献，但在西汉之前滇就已存在。

自20世纪50年代发现并认识滇青铜文化以来，先后发现和发掘了滇青铜文化古墓群13个，遗址1 个，清理古墓葬1260余座，出土各类文物约四万余件。依据碳十四年代测定、出土铜钱和与年代有关的文物确定，年代较清楚的墓葬有4座。第一座是晋宁石寨山M6，如前所述，此墓应是西汉汉武帝元封二年（公元前109年）所封滇王墓。第二座是江川李家山M21，经中国科学院考古研究所对出土的木柄片进行碳十四年代测定，测定数据有两个：一个数据是距今2575年±105年，即公元前625年，另一个数据是距今2500年±105年，即公元前550年，树轮校正年代是公元前800——410年，结合出土文物推断，其墓葬年代约为春秋中晚期至战国初期。第三座是呈贡天子庙M41，经中国科学院古脊椎动物与古人类研究所对其椁木进行年代测定并用树轮校正，其年代为距今2290±70年，即公元前346年，约战国中期。第四座是石寨山M13出土的西汉文帝半两钱三枚。据此并结合出土文物确定此墓的年代是西汉文帝至武帝期间。以M6出土重器为标准，在这四座墓葬中，其他三座墓和滇王墓相同，也有重器铜鼓、贮贝器、铜枕，或铜枕、铜伞，或铜伞、铜俑。这三座墓也有可能是滇王墓，而其中年代最早的墓是江川李家山M21，这说明可能在春秋中晚期，即在公元前约6世纪中期，最迟至战国初期，滇王国已形成，并有滇王。

由出土的铜枕、铜伞和持伞俑可见使用这套礼器的发展脉络。在春秋中晚期，滇王已形成了一套用铜枕和铜伞的丧葬礼仪制度，可能在生前出行时，也有这种装饰华丽的铜伞，丧葬时，也就使用铜枕和铜伞随葬。战国中晚期，只使用铜枕，无铜伞。西汉早期，铜枕消失，而使用一俑一伞制度，中期使用两伞两俑制，自尝羌以后，滇王不存在，这种制度也就消失。在已发掘的滇人墓葬中，有25座墓有铜枕、铜伞，或铜枕，或铜伞、铜俑等随葬。在石寨山已发掘的86座墓葬中，包括M6，有12座墓有铜枕或铜伞、铜俑随葬，据此揣测这12座墓很可能是不同时期的滇王或王后墓。

滇国虽然形成较早，但引起汉朝的注意和与汉朝有来往是在西汉武帝时期。《史记·西南夷列传》记载：汉武帝“元狩元年（公元前122年），博望侯张骞使大夏来，言居大夏时见蜀布、邛竹杖。使问所从来，曰‘从东南身毒国，可数千里，得蜀贾人市’。或闻邛西可二千里有身毒国。骞因盛言大夏在汉西南，慕中国，患匈奴隔其道，诚通蜀，身毒国道便近，有利无害。于是天子乃令王然于、柏始昌、吕越人等，使间出西南夷，指求身毒国。至滇，滇王尝羌乃留，为求道西十余辈”。“滇王与汉使者言曰：‘汉孰与我大？’及夜郎侯亦然。以道不通故，各自以为一州主，不知汉广大。使者还，因盛言滇大国，足事亲附。天子注意焉。”汉为寻求通往大夏（今阿富汗）的道路，采纳了张骞从西南至身毒（印度）达大夏的意见，派使者出使西南夷而至滇，滇王尝羌善待汉使者，并留他们十余人。滇王还问汉使者说，汉王与我谁大？滇王的问话，说明滇王对汉不了解，甚至在汉使者来滇之前，连汉的信息都没有听说过。汉使者回去报告了滇的情况，才引起汉朝的注意，特别是汉武帝的注意。

西汉元鼎五年（公元前112年），汉武帝平定了南越政权，滇东部依仗南越的夜郎国也投降了汉朝，汉武帝派王然于到滇国劝滇王投降入朝，因有同姓相扶的劳浸、靡莫相助，滇王不肯投降。西汉元封二年（公元前109年），汉武帝派兵消灭了劳浸、靡莫，汉兵压境，滇王才投降。滇王投降后，西南夷的所有邑国都跟随投降，并请求设置官吏和允许入朝。汉朝在滇设置益州郡，置24县，仍封滇王为王，赐滇王王印，统领滇邑。这时，滇是郡县制和滇王地方政权并存，但这种局面持续不长，设益州郡不久，不少地方不断发生反叛。据《汉书·西南夷列传》记载，仅在西汉后期，这些反叛重要的有三次。第一次是始元元年，廉头、姑缯民反。第二次是始元三年，姑缯、叶榆复反，并杀了益州太守，汉朝派军正王平和大鸿胪田广明平叛，大破益州，斩首捕虏五万余人，获畜产十余万。第三次是王莽时期，三边蛮夷尽反，杀益州大尹，王莽遣平蛮将军冯茂发兵击益州。滇王也可能因叛乱而无嗣，滇国也随之消失，其后文献中也无滇王的记载。

滇国有多大呢？从发现的滇青铜文化遗存分布看，滇国的大小与《史记·西南夷列传》记载的大小差不多，大体相当于今滇池周围的晋宁县、安宁市、西山区、官渡区、呈贡县、嵩明县和抚仙湖、星云湖、阳宗海周围的玉溪市红塔区、江川县、通海县、华宁县、澄江县和宜良县等，总面积约13200平方公里。从汉武帝元封二年设益州郡始，置24县，其范围扩大，西边已越过了澜沧江，达保山、施甸，北边达金沙江，南边达越南北部，东边包括原劳浸、靡莫地区，大体相当于今天云南省的极大部分地区。

滇文化

自上世纪50年代在晋宁石寨山发现滇王及贵族墓，认识滇青铜文化以来，不断有新的发现和发掘。这些发现和发掘，使滇青铜文化的面貌越来越清晰。据考古材料和笔者研究，滇青铜文化自春秋晚期形成以来，其发展目前可分为春秋晚期至战国初期、战国中晚期、西汉早期，西汉中期、西汉晚期至东汉初期五个阶段。已发掘的石寨山滇王及贵族墓分属于战国晚期至西汉晚期或东汉初期。

滇青铜文化的代表性器物可概括为六类：第一类是青铜重器，以铜枕、铜伞、铜持伞俑、铜鼓、贮贝器组合为特点，有两座墓还有编钟，有四座墓还有曲管葫芦笙和直管笙。这类器物器形大，时代特点突出，文化信息丰富；第二类是青铜生产工具，以尖刃锄、宽平刃锄、长条形铲、织布工具等为特点；第三类是青铜兵器，以横管銎兵器戈、斧、啄，竖管銎兵器钺、戚、叉、棒和一字格剑、动物形柄剑、戚、斧等为特点；第四类是青铜饰品，以圆形扣饰、长方形扣饰和自然扣饰为特点；第五类是金器，以各种剑饰、兽形饰、花件和发具为特点；第六类是宝石，以各类圆扣、环形玉器、绿松石小圆片镶嵌件为特点。了解这些器物，大体就认识了滇青铜文化。

从滇青铜文化中可略知滇国社会。研究滇青铜文化，我们看到这样一些情况：一是多数小墓中无随葬品，个别小墓有少量青铜兵器；二是出土的几件祭祀场面贮贝器上有杀人祭祀或把人锁于枷上的情况；三是在出土的兵器上，饰捆缚吊坠的裸体男女俑；四是出土扣饰有俘获捆缚的妇女儿童。人牲是奴隶社会的重要特征。这些考古材料说明，滇人当时处于奴隶制社会。中原的青铜时代，也是奴隶社会。滇处于青铜时代，其社会性质与中原相同。

在滇人社会生活中，存在祭祀、战争、结盟、竞渡、音乐舞蹈、制作艺术品和宗教崇拜等社会活动。祭祀是古代社会中的一项重要活动。所谓“国之大事，在祀与戎”。在滇国社会里，滇人的祭祀活动有祈年、孕育祭祀、报祭、祭祀祖先、祭铜鼓等等。有研究认为，M20:1贮贝器盖面上所饰人物活动场面中，坐肩舆之女性，与《汉官仪》皇后妻好乘辇相似，所表现的内容似于皇后亲桑、皇帝亲耕，场中有滇人重器铜鼓，表现的当是一种希望恢复地力的“祈年、播种”祭祀活动。M3:64、M6:22、M13:239人物屋宇扣饰所表现的内容中，房后有男女交合动作，此当是一种希望作物生长，来年丰收的“孕育”祭祀活动。M1:4贮贝器上所饰人物活动场面，主祭者是妇女，中央有饰蛇的柱，前置各种秋季所产物品，有研究认为此表现的是一种庆丰收的“报祭”活动。其他重要祭祀还有祭铜鼓、祭祖先等。

战争是青铜时代奴隶制国家间存在的而且是经常发生的事。在滇人遗物中有三件表现战争的器物，两件是贮贝器，洗形贮贝器盖上所饰主战者，骑马，并通体鎏金，当是墓主人的象征。M13:109鎏金扣饰，表现的是战斗胜利后，押着俘获物归来的情景，从所表现的人物看，被俘者当是披发的昆明人或嶲人。说明滇人常与西边的昆明人、嶲人发生战争，并取得胜利，战胜后，大量虏掠他们的财物，战俘和平民掠为奴隶。

结盟是滇王与周边君王的重要活动。《华阳国志·南中志》说南中夷人，“其俗征巫鬼，好诅盟、投石、结草，官常以盟诅要之”。此虽说的是晋代南中之事，但此事由来久远。M12:26贮贝器上的人物活动场面，据冯汉骥先生研究认为表现的是诅盟活动，其中的柱当是“社”的标志。滇王与周边邑君，或滇内部各部落间，为维持稳定，常举行结盟活动。结盟活动是滇王的重要活动之一。

竞渡是滇人的一种娱乐活动。出土的铜鼓上有竞渡船，滇人居住于滇池畔，说明滇人也举行竞渡活动。竞渡活动是生活于水乡地区人们的一种节日活动，今天南方的很多地区仍保存着这一习俗，由此可见这种活动源远流长。

跳舞听音乐是滇人经常举行的活动之一。出土青铜器上所表现的滇人舞蹈计有羽舞、人舞、兵舞、万舞、旄舞等。滇人在祭祀时的舞蹈当是用来娱神，在节庆时跳的舞蹈或专门表演给人观看的舞蹈当是娱乐性舞蹈。不论什么舞蹈，均使用道具，并进行化装，有音乐伴奏，并注意到了舞蹈的美观性。在这些舞蹈当中，有的有商周庙堂舞之风，表现了青铜时代滇人舞蹈与汉文化的联系。在对崇拜的神灵进行祭祀时，还常常举行舞蹈以娱神，这种舞蹈当是宗教舞蹈。

出土的青铜乐器有铜鼓、编钟、笙等，这些乐器说明滇人也有自己的音乐。这些乐器具有和声的功能，既可独奏，也可合奏或伴奏，既有打击乐器，也有吹奏乐器，滇王及贵族们听音乐当是一种经常性的娱乐方式。滇人演奏这些乐器，当别有情调，惜今无人知道他们的乐谱。

观赏艺术是滇人的一种风尚，而且观赏艺术水平也非常高。在出土器物中，不论是用具，还是装饰物品，都有较高的艺术性。表现手法也多样，表面图案装饰，其线有凸出于器表的阳线，也有凹于器表的阴线；立体装饰用圆雕，如贮贝器上的装饰及一些兵器的装饰；悬挂装饰用浮雕或镂雕，如各种扣饰。有的器物三者结合，如出土的铜枕。

装饰对象涉及所有青铜器，不论是生活用具、生产工具，还是兵器、首饰等，均有装饰。所用题材广泛，既有几何纹样，又有人和物的静态、动态情景，特别是人、物动态的表现令人叹为观止。人或物，不论大小，比例恰当，表现准确。姿态生动不滞，多选择动物运动瞬间的动作加以刻划。在构图布局时，讲究中心和对称，运用了动物运动的方向，产生中心集合焦点以突出主题，如扣饰中的动物方向一般上部是自左向右，下部是自右向左，既上下平衡，又似旋转生成中心，以M3:65狼豹争鹿扣饰为其杰作。有的巧用夸张，增强感染力，以虎背牛扣饰为其代表。

滇人的思想观念虽没有文字记载，但可以从出土文物中略知一些。在文物表现的这些思想观念中，最为突出的是崇拜观念，有学者称之为宗教信仰。宗教信仰是滇人生活中的一个主要内容，这些信仰主要有以下几个方面。

崇拜祖先。从考古学资料研究看，自新石器时代末期开始，人们就已产生了对祖先的崇拜，而这一原始的宗教信仰一直延续了很长时间，直至今天，在云南的少数民族中仍保存着。青铜时代，在滇人中也仍存在着这一原始宗教。如M1:4鼓形贮贝器，盖顶饰祭祀场面，场面中央是一柱，柱即祖。M12:26祭祀人物贮贝器，在房后也有柱和碑。这两件文物均有饰蛇或虎的柱，其间有碑。据甲骨文、金文的社、柱和碑、祖字推之。碑即代表祖，柱即代表社。这根柱作为滇人的祖，对它进行祭祀，或祭祀时均在此地进行，这种观念表现的是滇人对祖先的崇拜。这种柱一直延续到唐宋时期的南诏大理国，在《南诏中兴图卷》中仍可见到，在云南弥渡县的铁柱庙内仍保存着唐代的铁柱。柱、碑即是滇人祖先的象征。滇人对祖先极为崇拜，对生前的一切，均希望祖先给予保佑，由此产生了许多祈求祖先保佑的祭祀活动。上述文物所表现的内容就是滇人生活的表现。

崇拜铜鼓。M12:26贮贝器，其上饰人物活动场面中，在主人所坐的一边陈列有一排铜鼓。M1:4鼓形贮贝器上所饰人物活动场面中，中央是一高柱，两边各置一大铜鼓。M20:1祭祀场面鼓形贮贝器中央是三个叠起的铜鼓。在滇王及贵族墓地中有9个墓出土铜鼓16面。这些铜鼓和反映铜鼓用途的文物说明滇人崇拜铜鼓。滇人为什么崇拜铜鼓，原因可能是认为铜鼓是权力的标志，并与神有关。因此当为铜鼓举行祭祀时，把铜鼓置于中央，并重叠垒放，以显示对其崇拜；当举行结盟或举行重要仪式时，把铜鼓陈列于重要的位置，以显示自己的权力和地位；当举行某种祭祀时，也用铜鼓作礼器，把铜鼓置于重要位置。

崇拜蛇龙。在出土的自然形扣饰的底部，多数饰有蛇。在出土的管銎兵器中，饰人或动物的底部，多饰有蛇。有的剑，柄即是蛇柄。出土的编钟，其面上饰蛇图。在祭祀场面中，有饰蛇的柱。滇人为什么崇拜蛇呢？研究认为蛇的习性与季节相应变化，春萌，冬眠。蛇生于地穴中，因而被视为地力的象征。地力的好坏，关系着人们的生存。所以蛇具有繁殖力、女性的象征。《说文·女部》载“娲，古之神女，化万物者也”。此视蛇为女性，祖先。马王堆汉墓《帛画》有蛇身女首图，此表现了女娲即蛇的观念。M3：64、M6：22、M13：239等人物屋宇扣饰表现的内容，有研究者认为蛇是土地的象征，房后有男女做爱的交合动作，此当是一种希望作物生长，来年丰收的“孕育”祭祀活动，只有地，才能托起人类。这就是视蛇为地神。蛇大为龙，大蛇（蟒）即龙。在农业社会里，当人们看到水多时，蛇也多，水少时，蛇也少，因而以为蛇是水的主宰，而崇拜蛇。进入阶级社会以后，蛇成了与水有关的神，这就是视蛇为龙。滇人文物中的蛇龙表现了滇人以蛇为龙的神灵崇拜观念。

崇拜万物有灵。万物有灵即有神，神灵均在保佑它们的生灵。这是当代生活在云南的一些少数民族中保存的一种原始宗教观念。宰杀牲畜时，均要祈祷神灵的保佑。在青铜时代，滇人也是这样。M6：30、M13：46、M13：262等缚牛祭祀扣饰，人们把牛拴于柱上，杀牛时，还跳舞蹈，并祈祷神灵保佑。有的还把虎、豹、鹰、牛、猴、蛇做成圆形扣饰图案，系于腰间，这种扣饰也有崇拜这些动物神灵的意念。

财富的观念虽无文字记录，但从出土器物中有所表现。以物表现人们的思想意识，这在早期文明史中，当是一种普遍现象。滇人器物所表现的财富意识体现在牛、贝和铜鼓三个方面。滇人墓葬中以贝和青铜器随葬，且有很多表现牛的器物，这说明滇人对它们的占有即为富贵的观念。

中原青铜文化的影响和与周围文化的交流

研究滇青铜文化不难发现，尽管滇青铜文化有其自己的特点，但也明显地受到中原青铜文化的影响。中国青铜文化有其自己独特的起源和发展史，并自始至终影响着滇青铜文化的发展。李学勤先生在研究商青铜器和文化后指出，“青铜器和文字是商文化的两项重要因素”，“夏代后期，商人在黄河中下游崛起。随着商朝的建立，商人的文化传布到遥远的四方，这在中国文化史上是一个重要的环节”。滇青铜文化自产生起，就受到了商文化的影响。20世纪80年代，中国科技大学自然科学史研究室的金正耀同志用现代同位素质谱技术对河南安阳殷墟妇好墓出土的青铜器进行了示踪研究，在测定的14件青铜器中，发现5件青铜器中有铅同位素比值非常低的异常铅，这种异常铅与云南滇东北永善金沙厂矿山的异常铅同位素特征一致，研究认为这几件青铜器的矿料应来自于云南永善金沙厂矿山，也就是说云南是商王青铜原料的供给地。20世纪80年代以后，李晓岑等同志对此又深入研究，收集了250处矿山的534个数据，又测试了150个原始数据，发现铅同位素比值很低的异常铅在云南还有巧家、昭通、新平、元谋等处，而以巧家、永善的铅同位素比值最低。美国史密斯博物院E.V.SAREBN也对美国沙可乐美术馆藏的中国古代青铜器铅同位素比值进行了研究，也发现比值很低的异常铅在商代青铜器中占有很大的比例，达几十件，而在西周青铜器中仅有四件，在东周青铜器中仅有一件。这一研究说明，不仅在商代，而且西周、东周，中原的部分青铜器的矿料来自于云南。迄今为止，在河南一带的黄河中下游地区都没有发现锡矿，而今云南个旧的锡矿产量却占全国锡产量的83.65%，开采也较早，云南的锡也随铜一起输入中原。英国著名历史学家汤因比在20世纪70年代也指出：“商代青铜器的构成元素中，锡的含量较高(17%)，距离黄河流域最近的锡、铜产地是马来亚和云南”，商代青铜器中的锡矿来自于云南。这些科学研究说明，在商代晚期、西周、东周时期，云南与中原已有交通贸易，云南的铜、锡已输入中原，随着铜、锡的输入，商周文化对滇青铜文化的影响也是自然的事。

青铜时代，滇墓葬中多为竖穴土坑墓，有的有腰坑和二层台，用棺椁作葬具，并且加髹漆，有的墓用大量漆器随葬，有的墓用珠襦玉衣敛尸。这些习俗与中原相似，是受中原葬俗影响的结果。

滇青铜器兵器中，戈是使用普遍，而且是延续时间较长的一类青铜器，不论是早期遗存或是晚期遗存均有戈出土，而戈是商周青铜器中的常见青铜器之一，滇青铜器中的无胡戈与商周的无胡戈相同或相似，说明商周时期，滇青铜文化就受到了商周文化的影响。滇青铜戈是中国青铜戈的一部分。滇人的管銎斧介于北方长管銎斧和短管銎斧之间。青铜钺在纹饰上受到中原青铜文化的影响。这说明云南青铜斧钺是中国斧钺的一部分。在滇青铜文化的另一重要遗存李家山墓地出土一件刻有“河内工官”铭文的弩机，据《汉书·地理志》载，河内郡郡治怀，即今河南省武陟县，“有工官”。说明这件弩机是由“河内工官”监造，由中原传入滇人中。

滇王墓出土的编钟钟身呈椭圆形，这一特点说明它们属于中原先秦乐钟体系，是中国古代青铜乐钟体制中的一部分。中国先秦乐钟基本特征为椭圆形，称合瓦形，上窄下宽，钟身像两块瓦合在一起。早在商代就有出土。如商代妇好墓、山东惠民麻点乡大郭村晚商墓、河南温县小南张商墓、安阳殷墟、大司空村、西北岗、湖南宁乡、望北峰、岳阳黄秀桥、望城县高塘岭等地均有出土。石寨山出土的编钟与这些地点出土的编种特点相同。铜鼓上所饰舞图内容，也可在周代汉文献中找到记载，所饰鹭图也流行于商代和楚文化中。

滇人崇拜蛇、龙，受中原龙观念的影响。春秋战国时代，中原的人们对蛇也较崇拜。杨树达在《金石丛考》中记，左氏传庄公三十年记，内蛇与外蛇斗于郑南门中，内蛇死。六年而郑厉公入。又文十六年记，有蛇自泉宫出，入于国，如先君之数。皆以蛇为国君象。并认为古代的“祀”就是祭祀蛇的典礼。《论衡》载：“卫献公太子至灵台，蛇绕左轮。御者曰：‘太子下拜。吾闻国君之子，蛇绕车轮左者速得国。’”汉代，人们崇拜蛇的观念仍不减。《淮南子》中载：“为死事则蛇鸣君室。蛇无故斗于君室，后必争主。小死小不胜，大死大不胜，小大皆死皆不立。”《后汉书·五行志》载：“武帝太始四年七月，赵有蛇从国外入，与邑中蛇斗孝文庙下，邑中蛇死。后二年秋，有卫国太子事，事自赵人江充起。”这些记载说明，中原王公大臣，崇拜蛇，并把蛇与王权联系。《管子·形势解》中说：“蛇龙，水虫之神者也，乘于水则神立，失于水则神废。”《楚辞·惜誓》中说：“神龙失水而陆居兮，为蝼蚁之所载。”滇文物中，如龙纹编钟（图62），扣饰中的蛇，铜鼓中的船纹，都表现了龙，即水神的观念。在龙的认同意识上可见滇人精神与汉文化之精神的一致性。在今天云南各民族中所见的彝族、白族的舞龙，傣族的赛龙舟，苗族、纳西族、崩龙族、布衣族的招龙和祭龙等，都交织着龙的情结，这是历史发展的连续性，也是中华民族的深层意识中的同一性，民族文化的遗传基因。

滇青铜技术属于中原青铜技术系统。《周礼·考工记》载“金有六齐，六分其金而锡居其一（即铜为83.3%，锡为16.7%），谓之钟鼎之齐；五分其金而锡居其一（铜80%，锡20%），谓之斧斤之齐；四分其金而锡居其一（即铜为75%，锡为25%），谓之戈戟之齐；三分其金而锡居其一（铜67%，锡33%），谓之大刃之齐；五分其金而锡居其二（铜60%，锡40%），谓之削杀矢之齐；金锡半，谓之鉴燧之齐”。考古也证明，中原冶金配方在商代已处于成熟阶段，已具备文献所载的六齐配方比例。滇王及贵族墓出土的青铜兵器的锡含量一般在12%～16%，只有少数低于10%，含铅量一般很低，只有少数较高。铜剑的金属成分与中原的戈、戟的成分相近，锡含量为20.07%，有较高的硬度。铜鼓金属成分与中原的钟鼎相近，锡含量为15.07%。滇王及贵族墓出土的青铜器化学成分说明，滇人的青铜合金成分在战国西汉早期已处于成熟阶段，配方已很稳定，与中原“六齐”合金规范的青铜器相近，合金成分属于中原配方。

中原青铜器开始于单范铸造，继而是合范铸造，后发明了型心技术铸造、多块范铸技术和失蜡法铸造。滇王墓及贵族墓出土青铜器中，既有单范铸器物，也有合范铸造器物、型心铸造器物，多块范铸器物，还有失蜡法铸造器物。说明滇青铜技术发展规律与中原青铜器技术发展规律相同，滇人青铜器铸造也属于中原系统。

中原青铜铸造材质经历了石材范、泥材范到蜡材范的发展过程。滇王及贵族墓出土青铜器和同类文化遗存出土的范，如石范和有銎器物、铜鼓和各种扣饰、雕像等，说明滇青铜器铸造也经历了石材范、泥材范和蜡材范铸造的发展过程，这些铸造材质及发展过程也在中原范围内，并略晚于中原发展阶段。

中原青铜器早在商周时期就发明了错和贴嵌工艺。滇王及贵族墓出土的许多扣饰，是使用贴嵌技术制作，到了西汉初中期，滇人的这种技艺达到了技高艺博的水平，与中原的嵌错技术相比，虽使用时间晚于中原，成熟年代也晚，但有明显的继承性，表现的形式和内容更加丰富多彩，所嵌材料不仅是绿松石，而且有玛瑙、玉等，并利用所嵌物的自然色彩与被嵌物的色彩形成鲜明的对比差。

中原地区的鎏金技术萌芽于战国时期，成熟于两汉时期。滇王及贵族墓出土的许多鎏金器物，反映了战国秦汉时期，滇青铜鎏金器技术已处于成熟阶段。滇青铜鎏金技术的成熟时期与中原相同，可能是受中原的影响。

西汉元封二年（公元前109年），滇王降汉，汉赐滇王王印，复长其民，并在滇设益州郡，置24县。从此，云南大部地区纳入中央郡县制的管辖之下，成为汉朝的重要行政区之一，滇与汉朝的政治关系加强，汉文化对滇文化的影响也更加强烈。石寨山滇王墓出土了两件反映滇王刻意追求汉制的器物，一件是汉朝所赐蛇纽滇王金印，一件是未完成的玉衣片。滇王死后，用印和玉衣随葬。玉衣的制法与河北满城中山靖王刘胜夫妇墓和山东临沂刘疵墓出土的玉衣制法相似。用玉衣随葬是汉朝王侯高级葬礼，滇王也能享用此种葬礼，表现了滇王在汉朝中的地位，这当是汉文化影响的结果。

自从云南纳入汉朝中央集权制的管辖下，到云南任职的官吏、卫戍将士等，也带来了汉文化。《史记·大宛列传》载“汉发三辅罪人，因巴蜀士数万人，遣两将军郭昌、卫广等往击昆明之遮汉使者”。《汉书·武帝纪》载：“（元封）六年，益州昆明反，赦京师亡命令从军，遣拔胡将军郭昌将以击之。”这些人来到云南后，把中原的文化及观念带入云南，给滇人以影响。出土的生活用具中的汉式器物，如汉昭明铜镜、日光铜镜、百乳铜镜、草叶纹镜等，钱币中的半两钱、五铢钱、大泉五十，均是直接由中原传入。尊、洗、镳斗、耳杯、漆案、带钩和马具等，均是中原的仿制品或输入品。这些生活用具的使用反映了滇人生活方式的变化。除“滇王之印”外，还出“胜西”印、“王羊”印，及同类文化遗存中出土的“王光”印、“李德”印、“黄义”印等汉文私印。官印是汉朝中央颁发的印，私印则很可能是滇人自己制作的印。这些玺印说明这些印的所有者已经认识印文、印的用途和意义，并使用它，还反映了汉文化在滇王国内的传播和发展。

在已发现和认识的西南夷诸青铜文化中，滇青铜文化是最发达的青铜文化。在滇周围的几个大邑，如北部的邛都，西边的嶲、昆明，东北的劳浸、靡莫，东边的夜郎等，都没有形成可与滇青铜文化相媲美的青铜文化。

在东南亚半岛诸青铜文化中，滇青铜文化也是最为发达的青铜文化。目前已发现认识的位于越南人民共和国北部清化省东山县东山村命名为东山文化的青铜文化，年代大致是公元前3世纪至公元1世纪，相当于战国晚期至东汉时期，与滇青铜文化的中后期年代相当。这一文化不论是在整体规模或是在出土文物组合等方面，均没有达到滇青铜文化的水平。目前，在云南西部的缅甸，西南部的老挝、柬埔寨等国的青铜文化不大清楚，仅零星发现一些相当于战国西汉时期的青铜器，更不能与滇青铜文化相提并论。

青铜时代，在西南夷中和东南亚半岛地区，滇青铜文化是先进的青铜文化，因此，滇文化也不断地向四周传播。如在成都西汉战国墓中也偶有滇尖刃锄，在成都出土的汉画像砖上有椎髻之人。《汉书·地理志》载“巴、蜀、广汉本南夷，秦并以为郡，土地肥美，有江水沃野，山林竹木疏食果实之饶。南贾滇、僰僮，西近邛、莋马、旄牛”。贾滇僮，就是买滇奴。这些滇青铜文化因素在蜀的出现反映了滇青铜文化向北的传播。

滇青铜文化与夜郎青铜文化年代大体相同。滇与夜郎同为西南夷中郡邑，其郡长同受王印，其民习俗相同——椎髻、耕田、邑聚。在夜郎地的青铜文化中，赫章可乐M153：3铜鼓，面饰翔鹭纹，胸饰船纹，为石寨山型铜鼓，与滇人铜鼓相同。威宁中水M22、M34、M35出土的一式剑与滇人的剑相同。扣饰背面的钩和横鼻与滇人扣饰的做法相同，而图案纹饰却有别于滇人扣饰。有趣的是赫章可乐M8出土一件铜盘，口沿上刻有“同劳澡槃比五尺周一元始四年十月造”，同劳即今云南的陆良县，西汉时属益州郡所属县。元始为汉平帝年号，四年即公元4年。此器为从滇输入器物。出土长条形锄、无胡戈、鸭嘴形銎矛、鼓形釜、铜柄铁剑等器物是滇文化中常见器物。这些滇青铜文化因素在夜郎的出现反映了滇青铜文化向东的传播。广西贵县罗泊湾汉墓出土的石寨山型铜鼓，反映了滇青铜文化向南越的传播。

在越南北部东山文化出土的遗物中，可看到滇青铜文化中的器物，如锚形钺、一字格剑、举手人纹戈、尖刃锄、石寨山型铜鼓等。在滇青铜文化中偶见东山文化中的器物，如呈贡天子庙出土的铜桶。这些反映了滇青铜文化向南在东南亚半岛的传播和与越南东山文化的交流。在老挝发现的铜鼓中，老挝1号鼓的器形、纹饰与滇文化中的广南鼓近似，当是石寨山型，这是目前已知的两地青铜文化联系的线索，也反映了滇青铜文化向东南亚半岛西南的传播。

滇青铜文化的起源和发展研究证明，滇青铜文化是在本地新石器文化的基础上，不断吸收中原青铜文化的因素而发展起来的青铜文化，滇青铜文化是中国青铜文化的重要组成部分。特别是在汉赐滇王王印，设置益州郡后，滇青铜文化大量接受了汉文化，并最后融于汉文化中。滇青铜文化的起源与发展还说明，云南在很早的时候，就与内地有着亲密的文化联系和人员往来，自汉武帝元封二年（公元前109年）在滇设置益州郡始，云南正式成为汉朝国家版图中的一部分。青铜时代，云南各族人民为开发祖国的边疆做出了自己的贡献。今天，居住在云南的各族人民仍将在开发祖国的西南边疆中贡献自己的聪明和才智。

参考文献

[1]冯汉骥：《云南晋宁石寨山出土文物的族属问题试探》，《考古》1961年9期。

[2]冯汉骥：《云南晋宁石寨山出土铜器研究》,《考古》1963年6期。

[3]冯汉骥：《云南晋宁出土铜鼓研究》,《文物》1974年1期。

[3]蒋志龙：《云南晋宁石寨山M71出土的叠鼓形贮贝器》，《文物》1999年9期。

[5]蒋志龙：《滇国探秘》，云南教育出版社，2002年。

[6]金正耀：《晚商中原青铜的矿料来源研究》,《科学史论集》，中国科技大学出版社1987年。

[7]李昆声、黄德荣：《再论云南早期铜鼓》,《考古》1990年5期。

[8]李昆声：《云南艺术史》，1994年4月。

[9]李晓岑：《中国铅同位数考古》，云南科技出版社，2000年5月。

[10]慕容捷著,肖明华译：《越南、柬埔寨早期青铜冶金的发展》，《云南文物》总第39期，1994年12月。

[11]米·皮拉左里：《滇文化中的贝和铜钱》,《云南民族学院学报》1994年1期。

[12]童恩正：《近年来中国西南民族地区战国秦汉考古发现及其研究》,《考古学报》1980年3期。

[13]司马迁：《史记·西南夷列传》、《史记·司马相如列传》。

[14]孙克祥、邓柏琮：《云南考古发掘出的一些宝石情况探讨》,《云南文物》总第23期，1986年。

[15]王明达、张锡录：《马帮文化》，云南人民出版社1993年。

[16]王丽明：《晋宁石寨山六号墓“滇王玉衣”玉柙片矿物检测报告》，《云南文物》2000年1期。

[17]王大道：《云南铜鼓》，云南教育出版社，1986年8月。

[18]王大道：《云南滇池区域青铜时代的金属农业生产工具》,《考古》1977年2期。

[19]吴钊等：《万家坝、石寨山铜鼓声律法倾向的初步研究》，《中国铜鼓研究会第二次学术讨论会论文集》，文物出版社，1986年。

[20]肖明华：《青铜时代滇人的宗教》，《神话祭祀与长江文明》,文物出版社，2002年3月。

[21]肖明华:《青铜时代滇人的青铜扣饰》,《考古学报》1999年4期。
[22]肖明华:《青铜时代滇人的农牧业》,《农业考古》1997年1期。
[23]肖明华:《青铜时代滇人的生产工具》,《农业考古》2002年1期。
[24]肖明华:《论滇文化的青铜贮贝器》,《考古》2004年1期。
[25]肖明华:《论滇文化中的管銎兵器》,《四川文物》2004年1期。
[26]肖明华:《陂池水田模型与汉魏时期云南的农业》,《农业考古》1994年1期。
[27]肖明华:《云南考古述略》,《考古》2001年12期。
[28]余章瑞:《废品堆里拣宝》,《人民日报》1984年10月10日第3版。
[29]云南省博物馆编:《云南青铜文化论集》,云南人民出版社,1991年3月。
[30]云南省博物馆考古发掘工作组:《云南晋宁石寨山古遗址及墓葬》,《考古学报》1956年1期。
[31]云南省博物馆:《云南晋宁石寨山古墓群发掘报告》,文物出版社,1959年。
[32]云南省博物馆:《云南晋宁石寨山第三次发掘简报》,《考古》1959年第9期。
[33]云南省博物馆:《云南晋宁石寨山古墓第四次发掘简报》,《考古》1963年9期。
[34]云南省文物考古研究所:《云南晋宁石寨山第五次抢救性清理发掘简报》,《文物》1998年6期。
[35]云南省文物考古研究所:《云南考古文集》,云南民族出版社,1998年。
[36]《云南青铜器论丛》编辑组编:《云南青铜器论丛》,文物出版社,1981年2月。
[37]云南师范大学地理系等编撰:《云南省志·卷一 地理志》,云南省地方志编纂委员会,云南人民出版社,1998年。
[38]易学钟:《晋宁石寨山1号墓贮贝器上人物雕像考释》,《考古学报》1988年1期。
[39]易学钟:《铜鼓鼓面"四飞鸟"图像新解》,《考古》1987年6期。
[40]张增祺:《晋宁石寨山》,云南人民出版社,1998年10月。
[41]张增祺:《滇国与滇文化》,云南美术出版社,1997年10月。
[42]张增祺:《中国西南民族考古》,云南人民出版社,1990年。
[43]中国自然地理编写组:《中国自然地理》,高等教育出版社,1979年。
[44]中国古代铜鼓研究会编:《中国古代铜鼓》,文物出版社,1988年。
[45]《周礼》,岳麓书社,2001年7月。

后 记

20世纪，中国的文物考古事业取得了辉煌的成就。天津古籍出版社精选其中具有代表性的发现，编辑出版成丛书，不仅可让更多的人通过该书系统了解这些成就，而且又普及了文化遗产知识，展现了这些成果，是一件很有意义的事。

天津古籍出版社邀我编写丛书中的云南晋宁石寨山滇王及其贵族墓部分，所幸本人对青铜文化有些兴趣，并一直从事文物与考古研究工作，积累了些图文资料，并将近年一些研究成果融入书中，按时完成了书稿。但是，云南晋宁石寨山滇王及其贵族墓地的一、二、三、四次发掘已经时隔四五十年，当年发掘的原始资料由于各种原因，已散失，书中不免有疏漏和不尽如人意的地方，敬请各位批评指正。

承蒙中国社会科学院刘庆柱研究员器重，在编写过程中，又得云南省博物馆和云南省文物考古研究所的支持，提供的照片是邢毅先生和蒋志龙摄影，赵娜女士为本书做了大量编辑工作，在此一并表示最诚挚的感谢！

肖明华

2007年10月